はじめての画像処理技術 第2版

岡崎 彰夫 著

森北出版株式会社

● 本書のサポート情報を当社 Web サイトに掲載する場合があります．下記の URL にアクセスし，サポートの案内をご覧ください．

http://www.morikita.co.jp/support/

● 本書の内容に関するご質問は，森北出版 出版部「（書名を明記）」係宛に書面にて，もしくは下記の e-mail アドレスまでお願いします．なお，電話でのご質問には応じかねますので，あらかじめご了承ください．

editor@morikita.co.jp

● 本書により得られた情報の使用から生じるいかなる損害についても，当社および本書の著者は責任を負わないものとします．

■ 本書に記載している製品名，商標および登録商標は，各権利者に帰属します．

■ 本書を無断で複写複製（電子化を含む）することは，著作権法上での例外を除き，禁じられています．複写される場合は，そのつど事前に（社）出版者著作権管理機構（電話 03-3513-6969, FAX 03-3513-6979, e-mail：info@jcopy.or.jp）の許諾を得てください．また本書を代行業者等の第三者に依頼してスキャンやデジタル化することは，たとえ個人や家庭内での利用であっても一切認められておりません．

■ 改訂によせて

　本書の初版第1刷は，（株）工業調査会より2000年10月に発行された．当時は，「マルチメディア」という言葉が今後期待される技術トレンドを表すキーワードとして世の中で流行していた．簡単にいえば，当時は社会が映像情報化していく流れの最中であり，ディジタル（「デジタル」とも表記されるが，本書では「ディジタル」と表す）技術をベースとして，テレビとコンピュータが融合していく時代であった．また，写真・印刷・出版などの技術分野はそれまで一つの独立した分野と考えられていたが，コンピュータによるディジタル処理技術がどんどん導入され，これらの技術分野の垣根が少しずつ取り払われていった．

　2000年当時と現在（2015年）を比較すると，アナログのカラーテレビ放送が地上ディジタルテレビ放送に変わったこと，映像の高精細化（ハイビジョン化）が進み4Kが標準となり，さらには8Kテレビが実用化しつつあること，映像の表示装置としてCRTは姿を消し液晶ディスプレイにほとんど置き換わったこと，携帯電話においてはスマートフォンが主流になったことなどが大きな変化として挙げられる．さらには，テレビの変化に伴ってカメラ（入力装置）やディスク（記録再生装置），映像インタフェースなども変化してきている．

　上述したように2000年以降もいろいろな分野でディジタル画像処理技術としての融合が進み，かつレベルアップし今日に至っているわけであるが，さすがに15年を経て初版の内容を見直すと古くなった技術が散見される．そこで，第2版においては第1版の執筆方針と主題を引き継ぎながら最近の技術動向に合わせて古くなった部分を削除または修正し，さらにいくつかの項目を新たに追加した．

　第2版で更新した主な内容は，以下のとおりである．まず，第1章の代表的なディジタル画像処理例として当時は「歩行者などの動物体検知処理」を取り上げたが，今回は「顔画像の処理」を紹介した．第2章においては，テレビ放送の方式変更やそれに伴う映像の入力装置，表示装置，記録再生装置，さらには映像インタフェースなどの変化に対応して，関係する記述を更新した．第3章および第4章は，基本的な内容であり現在も有効と考えられるのでそのままとした．そして，第5章の応用事例においては，古くなった2例を削除し，新しく4例を追加した．最後の第6章は，将来展望であるので全面的に見直し更新した．また，参考文献についても全面的に見直し更新した．

「画像と人間の関わり」の質的変化は，コンピュータが架け橋となって現在も続いている．今後ますます，コンピュータが，計算するための機械ではなく画像を見るための人間にとっての新しい情報メディアとなったり，画像を撮ったり編集したりする便利な道具に変化していくであろう．また，さらに人工知能的な機能を取り入れ，よりヒューマンインタフェースを重視した知的ディジタル画像処理技術が発展し，人間社会を一層豊かにしていくであろう．

　第2版も第1版の執筆方針と主題をそのまま引き継いでいるので，上で述べたことを念頭に置きながら，「ものづくりをベースにした現場の工業技術であること」，「普遍的な内容で陳腐化しない内容であること」を基本として，「大学の学部や高専レベルで理解でき，副読本として利用できること」，「企業の新人教育に利用できること」を目指している．ただし，第1版と同様に以下の技術についてはそれ自体が一つの専門書となるべきものなので，画像処理と総称される技術分野全体の中では重要な位置を占めてはいるが，紙面の分量，筆者の力量などの制約から詳細な説明は省いている．すなわち，信号処理技術（たとえば，テレビジョン系の映像信号処理など），画像圧縮・伝送のための画像符号化技術，コンピュータグラフィックスやバーチャルリアリティなどの画像生成技術，3次元やカラーの画像に対する処理・解析技術，画像データベース技術，文字・パターン認識技術などについては多少触れる程度に留めていることをあらかじめお断りしておきたい．

　最後に，本書を改訂する機会を与えて下さったとともに，粘り強いご支援を賜った森北出版の石田昇司氏や丸山隆一氏をはじめとする出版部の皆様と，文献の引用をさせていただいた諸先生，諸先輩ならびに筆者の研究仲間の方々に心より感謝致します．

2015年11月

岡崎彰夫

■ はじめに

　画像は，通常，人間にとって最も直感的でわかりやすい情報表現である．映像という言葉が用いられることもあるが，本書では図面，静止画，動画などの視覚情報を総称して画像とよんでいる．現在，画像情報がディジタルデータとしてコンピュータや通信網で柔軟にかつ統一的に扱えるようになりつつあるが，そうなれば人間社会に大きな変化をもたらすであろう．

　人間の画像に対する行為を考えてみると，「画像を撮る」，「画像を見る（検索などの対話操作を伴う場合も含める）」，「画像をつくる（加工，編集，合成，コンピュータグラフィックスによる生成などを指す）」，「画像を送る」，「画像を保存する」という五つの関係が成り立つ．画像メディアのディジタル革命が成就すれば，これら五つの画像と人間の関わりすべてにおいて質的変化が生じ，新しい画像文明（文明というのはやや大げさかもしれないが）の幕開けとなるのではなかろうか．

　「画像と人間の関わり」の質的変化は，コンピュータが架け橋になって実現されると期待されるが，人間にとってみれば「画像を見る」ことと「画像をつくる」ことが主体であり，そのほかの行為はその付属行為であるように思われる．将来は，コンピュータが計算する機械ではなく画像を見るための人間にとっての新しい情報メディアとなったり，画像をつくるための便利な道具に変化すると筆者は予想している．

　ところで，新しい画像情報社会における人間と画像との関わりは，直接ユーザーが画像を扱うわけではない間接的な場合も考えられる．たとえば，コンピュータにカメラが仕込まれていて，目の前の人間が何をしているのかを理解して動いてくれれば融通が利いたコンピュータだと感じるはずである．理解というほど大げさでなくても，人間の顔の向き，または視線がわかるだけでもかなり便利になる．カメラの値段が下がることとディジタル画像処理技術の進歩が合致すれば実現すると筆者は期待している．これは画像処理技術がユーザーの知らない間に使われているので，いわばサービスの技術である．

　今後，人工知能的な機能を取り入れ，よりヒューマンインタフェースを重視した知的ディジタル画像処理技術が発展し，きたるべき新しい画像情報社会が人間を豊かにするものであって欲しいと筆者は望んでいる．

　本書は，上で述べたことを念頭において執筆した．ここで，本書の位置づけや狙いについて述べる．本書は，「画像処理応用技術」（田中弘編，工業調査会，1989年7月

初版）を執筆の原点に置いている．この先に出版された本は，ものづくりをベースにした現場の工業技術であること，普遍的な内容で陳腐化しない内容であることが執筆方針となっているが，本書もこの方針を受け継いでいる．そして，本書は技術内容をさらに噛み砕いて，大学の学部生レベルで理解できること，大学，高専などの副読本として利用できること，企業の新人教育に利用できることなどを目指した．数式をできるだけ省いて表現し，学校ではあまり教えない現場レベルの生きた内容を盛り込むことに努めた．

　ただし，以下の技術はそれ自体が一つの専門書となるべきものなので，画像処理と総称される技術分野全体では重要な位置を占めてはいるが，本書では紙面の分量，筆者の力量などの制約から，多少，触れる程度に留めたことをあらかじめお断りしておく．すなわち，信号処理技術（たとえば，テレビジョン系の映像信号処理など），画像圧縮・伝送のための画像符号化技術，コンピュータグラフィックスやバーチャルリアリティなどの画像生成技術，3次元やカラー画像の処理・解析技術，画像データベース技術，文字・認識技術などである．

　最後に，本書を執筆する機会を与えて下さったとともに，粘り強いご支援を賜った工業調査会の伊海政博氏をはじめとする出版部の皆様と，文献の引用をさせていただいた諸先生，諸先輩ならびに筆者の研究仲間の方々に心より感謝致します．

2000 年 9 月

岡崎彰夫

■ 目 次

1 画像処理技術の概要　1

- **1.1** はじめに　2
- **1.2** 歴史・背景　2
- **1.3** 位置づけ　4
- **1.4** ディジタル画像処理の手順構成（顔認識を例として）　6

2 画像処理技術の基礎　15

- **2.1** はじめに　16
- **2.2** ディジタル画像とは　16
  - 2.2.1 濃淡（モノクロ）画像　17
  - 2.2.2 カラー画像　19
  - 2.2.3 動画像　22
  - 2.2.4 2値画像とディジタル図形　25
  - 2.2.5 ステレオ（多視点）画像　27
- **2.3** ディジタル画像処理とは　29
  - 2.3.1 処理の目的　29
  - 2.3.2 処理システムの基本構成　30
  - 2.3.3 ディジタル画像処理技術の体系　33
- **2.4** 画像処理技術導入の心得　35
  - 2.4.1 質のよい画像が取り込めるか　36
  - 2.4.2 目標性能（精度，速度）が達成できるか　37
  - 2.4.3 エラーをどうするか　38

3 画像処理技術の基本手法　41

- **3.1** はじめに　42
- **3.2** 正しく，見やすくする──画像補正・画質改善・画像強調──　42
  - 3.2.1 コントラスト（濃度階調）補正　43
  - 3.2.2 シェーディング補正　43

	3.2.3	濃度正規化	44
	3.2.4	ヒストグラム計算 / ヒストグラム修正（平坦化）	45
	3.2.5	幾何補正（アフィン変換）	46
	3.2.6	ノイズ除去	49
	3.2.7	空間フィルタリングと平滑化	50
	3.2.8	エッジ強調	51
	3.2.9	周波数補正	53
3.3	情報を取り出す──特徴抽出・計測・解析──		54
	3.3.1	エッジ検出	54
	3.3.2	2値化	56
	3.3.3	論理フィルタリング / 膨張と収縮演算	60
	3.3.4	ラベリング（連結領域抽出）	64
	3.3.5	連結図形解析（形状的特徴抽出）	65
	3.3.6	細線化	67
	3.3.7	境界（輪郭）追跡と線分追跡	70
	3.3.8	射影（プロジェクション）演算	75
	3.3.9	ハフ変換（直線抽出）	77
	3.3.10	変化検出（動画像処理）	79
	3.3.11	距離（奥行き）計測（ステレオ画像処理）	81
3.4	見分ける──照合・判別・分類──		84
	3.4.1	領域判別（テクスチャ解析）	84
	3.4.2	テンプレートマッチング	86
	3.4.3	ディシジョンツリー法	89
	3.4.4	クラスタリング	91
3.5	符号化，構造化する──蓄積・管理・検索──		94
	3.5.1	チェーンコーディング	94
	3.5.2	線分（直線）近似	96
	3.5.3	ピラミッド構造化（多重スケール化）	101
	3.5.4	メッシュ管理とレイヤ管理	103
3.6	加工，編集する──変換・合成・生成──		106
	3.6.1	拡大 / 縮小 / 回転	106
	3.6.2	マスク処理 / 背景入れ換え	108
	3.6.3	色変換（カラー画像処理）	110
	3.6.4	線分（直線）生成	113
	3.6.5	閉領域の塗りつぶし	116

4 画像処理技術の実現手法　119

- 4.1 はじめに　120
- 4.2 共通演算モジュールとは　120
- 4.3 フィルタリング処理のハードウェア化　124
- 4.4 プログラム手法　126
  - 4.4.1 メモリ節減　126
  - 4.4.2 高速化　127
- 4.5 基本手法の組み合わせ　128
- 4.6 高速処理アーキテクチャ　131
  - 4.6.1 並列方式　131
  - 4.6.2 パイプライン方式　132

5 画像処理技術の応用事例　135

- 5.1 はじめに　136
- 5.2 地図の自動読み取り（ラスタ・ベクタ変換）　136
- 5.3 画像の自動つなぎ合わせ　139
- 5.4 オブジェクト輪郭の自動抽出（背景入れ換え）　142
- 5.5 画像内変化の自動検知　144
- 5.6 人物（オブジェクト）の自動追跡　146
- 5.7 人物挙動の自動検知　150
- 5.8 手形状（じゃんけん）認識　152
- 5.9 シンボル図形や記号の認識について　155
- 5.10 ロボット視覚応用への期待　159

6 画像処理技術の将来展望　161

- 6.1 はじめに　162
- 6.2 「画像メディア」の周辺技術として　162
- 6.3 「機械の眼」として　168
- 6.4 最後に　171

索　引　173

1章 画像処理技術の概要

この章では画像処理技術の全体像を理解していただくための概要説明を行う．具体的には本技術の歴史と背景，位置づけ，ディジタル画像処理の典型例などを示し，後の章への導入部とする．

1.1 はじめに

　ディジタル画像処理の歴史は，コンピュータの発達の歴史と密接に関係しており，コンピュータをベースとした画像処理ハードウェア環境の進歩とともに応用分野が拡大してきた．この章ではまず最初に，本書で取り扱う画像処理技術の歴史と背景を述べる．

　次に，画像処理と一般的によばれる技術分野はかなり広く，いくつかの製品分野ごとに特徴をもった技術体系が確立されているので，本書で説明する技術体系の位置づけを述べる．本書では，**産業用画像処理**と今日よばれる技術全般，中でも人間の視覚機能をコンピュータに代行させようとする**画像パターン認識**に着目し，それを構成する画像処理技術を理解することを目指す．

　最後に，ディジタル画像処理というものの大体のイメージをつかんでいただくために適当な処理レベルの例題（笑顔検出）を示す．ここでのポイントはディジタル画像処理がいくつかの基本的な処理モジュール（基本手法）から構成できるということである．

　近年では，ディジタル化の波により従来の製品分野における画像処理技術間の垣根が崩れつつあり，共通のディジタル画像処理技術としての融合が進んでいる．本書は，このような観点からこれまでに実用化されている画像処理手法の中で，汎用性の高いものをできるだけわかりやすく整理して解説する．

1.2 歴史・背景

　ディジタル画像処理はコンピュータを使って行われるので，その歴史はコンピュータの発達と関係が深い．1960年頃に文字認識への応用を中心としたパターン認識理論の研究が盛んとなり，1970年代から，大型汎用コンピュータの普及に伴い実用化の対象範囲が広がってきた．具体的には，**工業用画像処理**（Factory Automation，略してFA用ともよばれる），**衛星画像処理**，**医用画像処理**などである．そして，1980年代から現在に至るまで，**文書画像認識**や**図面・地図認識**などのオフィス分野，**画像監視**などのセキュリティ分野，**視覚機能付きロボット**などのロボット分野，そして**マルチメディア**の流れの中での**映像／画像メディア処理**へと応用分野が拡大してきた．**表1.1**にこれまでの技術の流れを示す．また，現在の画像処理技術の応用分野を**表1.2**に示す．1960年代からの郵便番号の自動読み取りに始まる文字認識については，画像処理の一分野とみなせるが，それだけで確固たる市場（Optical Character Reader，略し

表 1.1　ディジタル画像処理技術の流れ

年代	出来事
1960 年 −	■パターン認識理論の研究が盛んとなる． ■特に，文字認識への応用が積極的に進められる． ■「郵便番号読み取り装置」が実用化される．
1970 年 −	■応用を意識した手法的な研究が増える． ■次のような分野で画像処理システムが試行される． 　・工業用 (FA) 画像処理 　・衛星画像処理（リモートセンシング） 　・医用画像処理
1980 年 −	■研究対象が多様化する． 　・文書画像認識 　・図面 / 地図認識 　・ロボット視覚 ■専用の装置 / システムの製品化が進められる． （「汎用画像処理装置」，「図面・地図自動読み取り装置」，「地図情報管理システム」など）
1990 年 −	■動画像処理や映像メディア処理の研究が盛んとなる． 　・画像監視 　・映像メディア検索 ■コンピュータグラフィックス (CG) やバーチャルリアリティ (VR) 技術との融合が進められる． 　・画像コンテンツ作成
2000 年 −	■画像処理応用が期待されている分野 　・高度道路交通システム (Intelligent Transport Systems) 　・ヒューマン・インタフェース (HI) 応用 　・セキュリティ応用

表 1.2　画像処理技術の応用分野

応用分野	画像処理の目的・内容
工業用 (FA) 画像処理	・製品自動組立における位置決め ・製品の外観検査 ・製品の計測や選別
衛星画像処理 （リモートセンシング）	・画像取得（センシング） ・画像解析，土地利用分類
医用画像処理	・画像取得（センシング，再構成） ・診断支援
文書・図面・地図などの画像処理	・データ自動入力 ・情報管理および検索
セキュリティやヒューマンインタフェース応用	・映像自動監視（変化検知，人物認識など） ・生体による個人識別（バイオメトリクス）
画像 / 映像メディア処理	・画像コンテンツ作成 ・映像メディア情報の管理 / 検索

てOCRとよばれる製品を中心とした市場)が形成されているため,画像処理技術と共通性は多いものの**文字認識技術**として独立に扱われることもある.

画像処理ハードウェア環境としては,大型コンピュータから**画像処理専用装置**,**EWS (Engineering Work-Station)** へと主体が移り,そして現在では **PC (Personal Computer)** である程度の画像処理がこなせるようになってきている.一方では,半導体技術の飛躍的な進歩という追い風を受けて,画像処理を高速にかつ低価格に実現するためのLSI開発も現在,活発である.また,画像処理装置の周辺装置の進歩も目覚ましく,高精細の**ディジタルカメラ**の普及やDVD (Digital Versatile Disk:ディジタル多目的ディスク) やブルーレイディスク (BD) などの**大容量画像ディジタル記録メディア**,高精細な**ディジタルカラープリンタ**など話題に事欠かない.これらの周辺装置の中には画像補正などのための画像処理技術が組み込まれている.

画像処理と一般的によばれる技術分野は広義にとらえるとかなり広く,市場を形成している製品を中心に技術体系が確立されている.代表的な系列は,カメラ系,テレビジョン系 (CRTや液晶ディスプレイなどの表示装置を含む),プリンタ系 (複写機を含む),そして前述のOCRを筆頭とするパターン認識系などである.近年では,ディジタル化の波によりこれらの系列間の垣根が崩れつつあり,いわゆるメディア処理技術としての融合が進んでいる.

1.3 位置づけ

ディジタル画像処理は多くの分野で使われているが,技術体系としては前述したように製品ごと,用途ごとにとらえ方が異なっており,画像処理全体としてはそれほど体系立っているとはいえない.したがって,ある目的のために画像処理装置・システムを新たに構築する際,それが先端的であればあるほど一定レベルの経験と勘が必要になってくる.しかし,これまでに数多くの画像処理手法が実用化されており,これらの中から最適なものを選別しうまく組み合わせて活用すれば,ある程度の用途に対してはよい結果が得られるものと思われる.

本書では,このような応用の立場から画像処理技術を整理し,実用的で汎用性の高い処理手法を選んで解説した.本書で取り扱う手法の位置づけを図1.1に示す.図では,画像処理における基本機能が五つのグループに分類されて示されている.画像処理の応用分野においては,これらの基本機能を最適に組み合わせて目的とする(より複雑な)機能をもった画像処理システムを作成することになる.基本機能を実現するための手法を,ここでは**基本手法**とよび,詳細は第3章で説明する.実際の応用においては,応用に合わせて基本手法を部品のように選んで組み合わせていくことになる

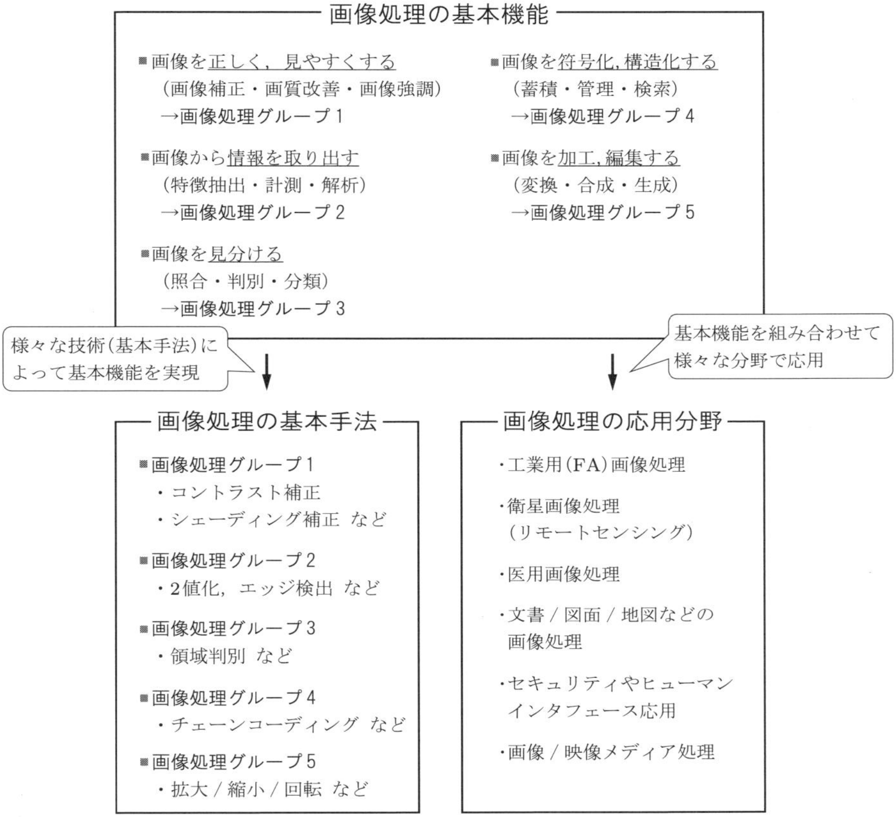

```
┌─ 画像処理の基本機能 ──────────────────────────┐
│                                                    │
│  ■画像を正しく,見やすくする    ■画像を符号化,構造化する │
│   (画像補正・画質改善・画像強調)  (蓄積・管理・検索)   │
│   →画像処理グループ 1           →画像処理グループ 4    │
│                                                    │
│  ■画像から情報を取り出す        ■画像を加工,編集する   │
│   (特徴抽出・計測・解析)         (変換・合成・生成)    │
│   →画像処理グループ 2           →画像処理グループ 5    │
│                                                    │
│  ■画像を見分ける                                    │
│   (照合・判別・分類)                                │
│   →画像処理グループ 3                               │
│                                                    │
└────────────────────────────────────────────────────┘
```

（様々な技術(基本手法)によって基本機能を実現）　　（基本機能を組み合わせて様々な分野で応用）

```
┌─ 画像処理の基本手法 ──────┐   ┌─ 画像処理の応用分野 ──────┐
│                          │   │                          │
│ ■画像処理グループ 1       │   │ ・工業用(FA)画像処理       │
│  ・コントラスト補正        │   │                          │
│  ・シェーディング補正 など  │   │ ・衛星画像処理             │
│                          │   │  (リモートセンシング)       │
│ ■画像処理グループ 2       │   │                          │
│  ・2値化,エッジ検出 など   │   │ ・医用画像処理             │
│                          │   │                          │
│ ■画像処理グループ 3       │   │ ・文書/図面/地図などの     │
│  ・領域判別 など          │   │  画像処理                 │
│                          │   │                          │
│ ■画像処理グループ 4       │   │ ・セキュリティやヒューマン   │
│  ・チェーンコーディング など │   │  インタフェース応用        │
│                          │   │                          │
│ ■画像処理グループ 5       │   │ ・画像/映像メディア処理    │
│  ・拡大/縮小/回転 など    │   │                          │
└──────────────────────────┘   └──────────────────────────┘
```

注）詳細は第 3 章で説明する.

図 1.1　本書で扱う画像処理手法の位置づけ

が，具体的な組み合わせ方については，第 5 章においていくつかの事例を紹介する．これらの基本手法は，今後どんどん改良されたり増えたりすることが予想され，それに伴い応用分野も拡がっていくことが期待される．それでも，上述の枠組みにおける五つの基本機能は変わらないはずである．本書で解説する内容は，**コンピュータビジョン** (**CV**)，**マシン/ロボットビジョン**，**パターン認識**などとよばれる学問分野に属する．画像を生成する技術を扱う**コンピュータグラフィックス** (**CG**) や**バーチャルリアリティ** (**VR**) とは，図 1.2 に示すように表裏の関係にあるが，本書では取り扱わない．

ところで，**ディジタル画像**と通常のテキストデータとの違いは，テキストデータが 1 次元情報であるのに対して画像情報は 2 次元であり，コンピュータ内部では 2 次元配列データとして取り扱わなくてはならない点にある．このため，データ量が多い/データへのアクセスが 2 次元的/文字画像や図面は別として一般的には記号化・シンボル

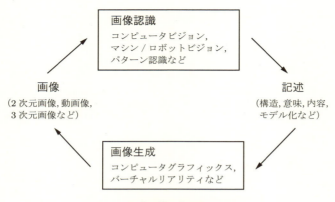

図 1.2　画像認識と画像生成の関係

化して扱うことが困難，といった処理上の問題が生まれる．しかし，画像処理の難しさは，データ構造のみにあるのではなく，人間の眼とカメラの眼の性能の格差，ひいては人間とコンピュータの処理方式の違いによる能力の格差である．本書が目指す最終ゴールは，極言すれば「人間が行っている視覚機能をコンピュータを使って実現（模倣と言った方がよいかもしれない）する」であるが，本書のねらいはこのような最終ゴールを目指す方向で，現状の画像処理技術でどこまでできるか，どのレベルまで実用化されているかを整理して解説することにある．

1.4　ディジタル画像処理の手順構成（顔認識を例として）

　この節では，「ディジタル画像処理」というものの大体のイメージをつかんでいただくために，「あるシーン（1枚の静止画）の中から，人物の顔を検出し，その顔が笑っているかどうかを判定する」という処理（顔認識）を例題として取り上げ，その処理手順の概要を説明する．顔認識を取り上げた理由は，画像認識分野における最近 10 年間でのインパクトのあった技術の一つであるからである．顔認識は，2000 年代から急速に実用化が進み，最初は入退室管理などのオフィスにおけるセキュリティシステム応用（顔画像照合による個人認証技術），次いでデジカメなどの民生機器への応用（顔検出技術によるオートフォーカス，笑い顔検知や目つぶり検知技術に基づく最適自動シャッターなど）へと発展してきている．さらに近年では，監視システムなどの社会システム応用へと進化し，顔画像データベースに対する類似顔画像検索技術や顔画像から年齢や性別，人種などをリアルタイムに推定する技術などが開発されつつある．
　実用化されている顔画像処理手順は一般的には高度で複雑なものであるが，ここでは笑い顔検知を例としながらも，以下の前提を置くことによって問題をやさしくし，

■ 1.4 ディジタル画像処理の手順構成（顔認識を例として）■ 7

ディジタル画像処理手順の構成の仕方をできるだけわかりやすく解説する．

入力画像に対する前提
- 入力された画像には，1 人の人物のほぼ上半身（すなわち，顔は 1 個だけ）が撮像されているとする．
- 画像における人物の顔の向きはほぼ正面とする．
- 人物の背景は単純なものであるとする（たとえば，白い壁）．
- 十分な明るさのほぼ均一な照明環境であるとする．具体的には，入力画像は通常の室内照明環境下で，かつ窓から十分離れているなど日光の影響を受けない場所で撮像されたものとする．

　上記の前提は厳密なものではなく表現的にもあいまいさがあるが，構図としては身分証明書用の顔写真のような画像を想定していただきたい．ただし，ここではやや条件を緩めて，図 1.3（a）の画像を入力例とする．一般的には，1 枚の静止画像のみに基づいて画像内の顔が笑っているかどうかを正確に判定することは必ずしも簡単ではない．たとえば，口が開いているからといって常に笑っているとは限らず，目元や口元などの動きも含めた総合的な特徴をとらえる必要があるし，微笑みまでも検知しようとすればその処理はかなり複雑になってくることが予想される．「動き」までも考慮しようとするならば，1 枚の画像を見ただけでは確定できないので，一定の短い時間間隔で取り込んだ連続画像を処理（動画像処理）しなければならない．

　しかし，ここでは「ディジタル画像処理」というものの大体のイメージをつかんでいただくことが目的であるため問題をかなり単純化し，口がある程度以上，大きく開いているかどうかのみを画像処理・解析によって検知することを考える．すなわち，ここでの課題は，1 枚の顔画像が与えられたとして，肌色を手がかりとして顔や口唇領域を検出し，口がある程度の大きさ以上に開いているかどうかを判定することとする．また，入力画像は，赤 (Red) と緑 (Green) と青 (Blue) の三原色により表現されたカラー画像（以下では，RGB 画像とよぶ）とする．RGB のカラー画像表現については，2.2.2 項を参照されたい．

　「笑い顔検知」の処理手順は，たとえば図 1.4 のように構成でき，図の（a）を入力画像とした場合の処理の途中結果が図（b），（c），（d）である．以下では，各手順をモジュール単位の画像処理手法に分解して説明する．

手順 1：顔領域の検出
［手順 1-1］カラー情報の変換
　RGB 画像を色抽出処理に適した表現形式である HSV 画像に変換する．HSV 画像

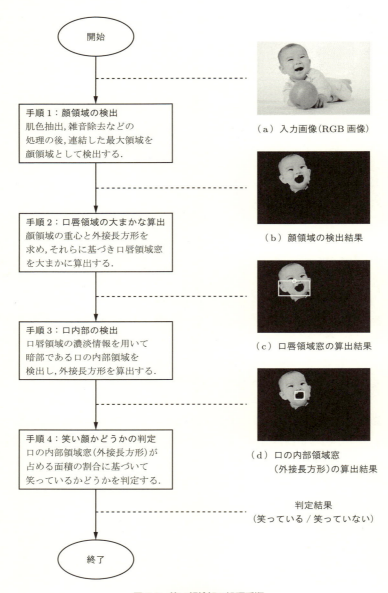

図 1.3　笑い顔検知の処理手順

とは，色情報を色相（Hue：色合い），彩度（Saturation：鮮やかさ），明度（Value：明るさ）の三つの値で表した画像であり，RGB 画像からあらかじめ定義された変換式を用いて変換（非線形変換）することができる（詳細は **3.6.3** 項）．

［手順 1-2］色相情報の取り出しと 2 値化

　HSV 画像を H 画像，S 画像，V 画像に分解し，色相を表す H 画像と彩度を表す S 画像（図 1.4（a））を用いて肌色領域を抽出する．すなわち，色相がおおよそ赤色から黄色までで，かつ彩度が比較的高い画素を肌色とみなして抽出する．具体的には，H 画像と S 画像のそれぞれに対して上限と下限の二つのしきい値を設定して，両者の間の値をもつ画素のみを抽出した画像どうしの論理積を計算する．たとえば H 画像に対しては，二つのしきい値 $H_{\min}$ と $H_{\max}$ を設定し，H 画像中において，画素値 x が $H_{\min} \leqq x \leqq H_{\max}$ のとき x を 1（白）に，それ以外のときには 0（黒）に変換する処理を行う．このような変換処理を「2 値化処理」という（詳細は **3.3.2** 項）．変換後の 2 値画像において，値が 1 の画素領域が肌色領域である（図 1.4（b））．

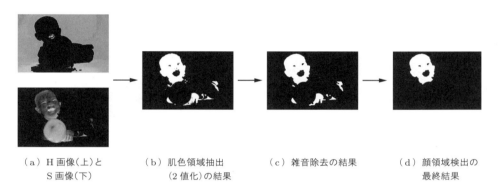

（a）H 画像（上）と　　（b）肌色領域抽出　　（c）雑音除去の結果　　（d）顔領域検出の
　　S 画像（下）　　　　　　（2 値化）の結果　　　　　　　　　　　　　　最終結果

図 1.4　顔領域検出の処理過程の例

［手順 1-3］雑音除去

　一般的に，2 値化処理によって入力画像を対象領域（ここでは顔領域）とそれ以外の領域（背景領域などとよばれる）とに領域分割することができるが，2 値化処理におけるしきい値を最適に設定したとしても雑音成分が多少は含まれてしまうことが多い．2 値画像における雑音としては，欠落部（本来は対象領域になるべきだが背景領域となってしまった部分）と過剰検出部（本来は背景領域になるべきだが対象領域となってしまった部分）の 2 種類がある．これらの雑音領域は，その形状がひげ状に細長かったり，面積がゴミのように比較的小さかったりすることを想定し，後述する膨張と収縮演算（詳細は **3.3.3** 項）を用いて除去することができる（図 1.4（c））．

［手順 1-4］最大連結図形の選出

　ここでは，対象領域を顔領域とし，肌色を手がかりとして領域抽出を行っているが，人物の顔以外の領域が色相情報としては肌色に似ているため顔領域とみなされ，それ

がある程度の大きさをもつ場合に誤って検出される可能性がある．たとえば，図 1.4 (c) では，手や足の肌色領域や白い服の一部が前述の雑音除去処理では除去しきれずに残ってしまっている．このような場合に対処するため，入力画像に対する前提に基づいて連結した最大面積の図形を求め（画素値を 1 とする），それ以外を削除する（画素値を 0 とする）という処理（詳細は 3.3.4 項）を追加することにより，安定して顔領域のみを検出することができる（図 1.4（d））．手順 1 の出力は 2 値画像であり，以下ではこの 2 値画像における画素値が 1 の領域を顔領域とよぶ．

手順 2：口唇領域窓の大まかな算出
［手順 2–1］顔領域の重心と外接長方形の算出

口唇領域を大まかに求める前段階として，まず顔領域の重心点 (G_x, G_y) と外接長方形を求める（詳細は 3.3.5 項）．図 1.5 に重心点と外接長方形の算出例を示す．

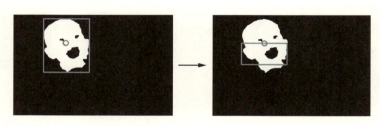

（a）顔領域の重心点と外接長方形の　　　　　（b）口唇領域窓の算出結果
　　　算出結果

図 1.5　大まかな口唇領域窓決定の処理過程の例

［手順 2–2］口唇領域窓の算出

外接長方形の横幅を W としたとき，点 $((G_x - W/2), G_y)$ と点 $((G_x + W/2), (G_y + W/2))$ の 2 点をそれぞれ左上及び右下の角点とする長方形を「口唇領域窓」と定義する（図 1.5（b））．そして，この窓の中に口唇部が含まれるものとする（この想定は，入力画像に対する前提に基づくものである）．なお，ここでは画像の左上を原点とし，水平（右横）方向に正の x 軸座標，垂直（下）方向に正の y 軸座標を定義する．

手順 3：口内部の検出
［手順 3–1］濃淡画像に対する口唇領域窓の当てはめ

口唇領域窓を手がかりとして，より正確に口の内部領域を求める方法について説明する．口の内部領域を正確に求めるために，今度はカラー画像ではなく，濃淡画像（モノクロ，あるいはグレー画像などともよばれる）を用いる．ここでは，3.6.3 項に変換

式が示されているY画像を用いることにし，Y画像に対して口唇領域窓を当てはめる（図1.6（a））（濃淡画像としてV画像を用いることも可能であるが，人間が感じる明るさに近いY画像を用いることが多い）．

（a）濃淡（Y）画像に対する　　　　（b）2値化による口内部の検出結果
　　口唇領域窓の当てはめ結果

図 1.6　口内部検出の処理過程の例

［手順3-2］2値化による口内部の検出

　Y画像の口唇領域窓の内部に対して2値化処理を行う．ここでの2値化処理は，しきい値をあらかじめ設定しておき，しきい値以下の明るさをもつ暗い画素のみを検出する処理である．2値化する領域を口唇領域窓内に限定することにより，たとえば髪，瞳，鼻孔などの黒部分を処理対象から除くことができる．処理結果は2値画像となり，主に唇の部分や口腔内に対応する暗領域の画素の値が1に，その他の画素（白い歯の部分など）の値は0に変換される．そして，念のため［手順1-3］で説明したような雑音除去処理を行うことにより，口内部のみを安定して検出することができる（図1.6（b））．さらに，検出された口の内部領域に対して，その外接長方形（口の内部領域窓とよぶ）を算出する．ただし，口が十分に開かれていない場合は，口内部としては唇部分のみが検出されることになる（コントラストが十分でない場合は雑音として処理されてしまい，なにも検出されないこともある）．

手順4：笑い顔かどうかの判定

［手順4-1］口の内部領域窓と口唇領域窓の比較

　以下の式を用いて口の内部領域窓の面積と口唇領域窓の面積比を算出する．

$$面積比 = \frac{口の内部領域窓の面積}{口唇領域窓の面積}$$

［手順4-2］判定結果の表示

　［手順4-1］で算出した面積比に基づいて，笑い顔かどうかを判定し結果を表示す

る. すなわち, 面積比が, あらかじめ実験的に設定したしきい値以上であれば笑い顔であると判定し, 結果を表示する.

この節の目的は, ディジタル画像処理のイメージをつかんでいただくことにあるので上述の説明は多少正確性に欠けるところがあるが, ポイントとして画像処理手順がいくつかの「基本的な処理モジュール」を組み合わせて構成できるということを理解していただきたい（上記の例では手順1～4が処理モジュールに該当する）. この「基本的な処理モジュール」は, ディジタル画像処理における「基本手法」を実現したものであり, 次章から順次説明していく.

入力画像がこの節の最初で述べた前提条件を満たしている場合は, 上述の処理手順はある程度有効に働くはずである. しかし, 顔が複数存在する場合や顔が横を向いている場合, 照明環境が安定していない場合などは, さらに高度で複雑な画像処理が必要となり本書のレベルを超えているので章末の参考文献を参照願いたい. たとえば, ここでは肌色を手がかりに顔領域を検出したが, 明るすぎたり暗すぎたりなど照明環境によっては安定して肌色が抽出できない場合がある. このような場合には肌色を手がかりにするのではなく, 入力されたカラー画像を濃淡画像に変換し, 目や鼻や口などの顔の部位を濃淡画像処理により直接検出する方法が提案されている（たとえば, 文献[7]を参照).

■ 参考文献

[1] Dana H. Ballard, Christopher M. Brown（著）；福村晃夫ほか（訳）："コンピュータ・ビジョン", 日本コンピュータ教会 (1987)
[2] 森健一（監修）；電子情報通信学会（編）："パターン認識", 電子情報通信学会 (1988)
[3] 江尻正員（監修）："画像処理産業応用総覧（上巻, 下巻）", フジ・テクノシステム (1994)
[4] 谷萩隆嗣（編著）："マルチメディアとディジタル信号処理", コロナ社 (1997)
[5] 高木幹雄, 下田陽久（監修）："新編 画像解析ハンドブック", 東京大学出版会 (2004)
[6] 奈良先端科学技術大学院大学 OpenCV プログラミングブック制作チーム："OpenCV プログラミングブック 第2版", 毎日コミュニケーションズ (2009)
[7] 蚊野浩（監修）；映像情報メディア学会（編）："デジカメの画像処理", オーム社 (2011)
[8] 岡崎彰夫, 恒川尚："線図形認識技術の EA, OA への応用", 情報処理学会コンピュータビジョン研究会資料 34-8 (1985)
[9] 近藤隆志, 岡崎彰夫, 田端光男, 森和宏, 恒川尚, 川本栄二："高速画像処理ハードウェアを備えた論理回路図読取装置の開発", 情報処理学会論文誌, Vol.28, No.4, pp.384-394 (1987)
[10] Akio Okazaki, Takashi Kondo, Kazuhiro Mori, Shou Tsunekawa, Eiji Kawamoto："An automatic circuit diagram reader with loop-structure-based symbol recogni-

tion", IEEE Transactions on PAMI (Pattern Analysis and Machine Intelligence), Vol.10, No.3, pp.331–341 (1988)
[11] 岡崎彰夫：" 画像データベース概論"，情報処理学会誌，Vol.33, No.5, pp.448–456 (1992)
[12] 岡崎彰夫，大波多元，中井宏章：" 知的画像監視技術"，東芝レビュー，Vol.50, No.8, pp.615–618 (1995)
[13] 川角浩亮，関井弘志，榎本暢芳，大波多元，岡崎彰夫：" シルエットの投影パターンに基づく時系列データを用いた侵入者検出"，電気学会論文誌 C，Vol.116–C, No.9, pp.1007–1014 (1996)
[14] 岡崎彰夫，逸見和弘，福井和広：" 個人識別技術への取組み"，東芝レビュー，Vol.52, No.2, pp.8–13 (1997)
[15] 助川寛，佐藤俊雄，岡崎彰夫；" 目つぶり排除機能をもつ顔撮影システム"，電子情報通信学会論文誌 (D–II)，Vol.84, No.6, pp.1053–1060 (2001)
[16] 佐藤俊雄，助川寛，横井謙太朗，土橋浩慶，緒方淳，岡崎彰夫；" 立ち位置変動を考慮した顔照合セキュリティシステム「FacePass」の開発"，映像情報メディア学会誌，Vol.56, No.7, pp.1111–1117 (2002)
[17] 岡崎彰夫，佐藤俊雄，横井謙太朗，助川寛，緒方淳，渡辺貞一；" 正面顔の自動履歴機能をもったアクセス管理システムとその顔トラッキング能力について"，映像情報メディア学会誌，Vol.57, No.9, pp.1168–1176 (2003)
[18] 滝沢圭，長谷部光威，助川寛，佐藤俊雄，榎本暢芳，入江文平，岡崎彰夫；" 歩行者顔照合システム「FacePassenger^{TM}」の開発"，情報科学技術フォーラム (FIT)，I–010 (2005)
[19] 長谷部光威，助川寛，佐藤俊雄，岡崎彰夫，榎本暢芳，" 歩行顔照合のための高階調マルチフレーム輝度値補正"，第 14 回画像センシングシンポジウム，IN2–17 (2008)
[20] 瀬戸山浩平，高林大輔，田中陽土，大川泰弘，加藤伸子，福井和広，岡崎彰夫，" 三次元手形状の類似性を考慮した指文字練習システムのための正準角に基づく形状相関マップの検討"，ヒューマンインタフェースシンポジウム論文集，pp.1053–1058 (2012)
[21] 田中陽土，高林大輔，近藤真暉，加藤伸子，福井和広，岡崎彰夫：" Kinect を用いた指文字練習システムにおける識別処理とユーザインタフェースの改良"，電子情報通信学会ヒューマンコミュニケーショングループ (HCG) シンポジウム論文集，pp.291–296 (2013)
[22] 近藤真暉，加藤伸子，福井和広，岡崎彰夫：" 動きを伴う指文字を含めた距離画像を用いた対話的指文字練習システムの開発と評価，電子情報通信学会技術研究報告，福祉情報工学 (WIT2014–89)，pp.23–28 (2015)

2章 画像処理技術の基礎

この章では，ディジタル画像の定義とその処理に際して基礎となる考え方につき，具体例を交えて解説する．また画像処理技術導入の心得についても触れる．

2.1 はじめに

我々の日常生活においては，映像（動画像），写真，絵画，図面，文書など様々な視覚情報メディアが存在している（表2.1）．ここでは，それらを**画像**とまとめてよぶことにする．表では，画像を色情報，時間（動き）情報などの情報内容に対応して **2値画像**，**濃淡（モノクロ）画像**，**カラー画像**，**動画像**の四つに分類している．表に示される画像をコンピュータで処理する場合は，**ディジタル画像**とよばれるコンピュータにとって扱いやすい形式に表現される．

表 2.1 画像情報メディアの例

画像の種類	2値・静止画像	濃淡・静止画像	カラー・静止画像	動画像一般
形式表現	$f(i,j) = 0, 1$	$0 \leq f(i,j)$ $\leq 2^L - 1$	$\{f_c(i,j)\}$, $c = $ R, G, B	$\{f_t(i,j)\}$, $t = 1, 2, \cdots, p$
アナログデータの例	・新聞，書籍，地図，図面など文字や図形が主体の印刷物（一部，濃淡画像もある）	・モノクロ写真/モノクロフィルム（ポジ，ネガ） ・X線フィルム ・天文写真（一部，カラーもある）	・カラー写真/カラーフィルム（ポジ，ネガ） ・グラビア雑誌などのカラー印刷物 ・絵画	・各種アナログビデオカメラの撮像データ ・ビデオテープ（8ミリやVHS）などのビデオ記録データ
ディジタルデータの例	・モノクロフラットベッドスキャナより入力したデータ（厳密には，さらに2値化処理が必要） ・パソコンなどの図形グラフィックスデータ	・モノクロフラットベッドスキャナやフィルムスキャナからの入力データ ・CT画像（X線，MRI） ・衛星画像（リモートセンシングのディジタル記録） ・パソコンなどのイラストやグラフィックスデータ	・ディジタルカメラからの撮像データ ・カラーのフラットベッドスキャナからの入力データ ・DVDやブルーレイディスク（BD）などの自然画像データ ・コンピュータグラフィックスにより生成されたカラーデータ	・ディジタルビデオカメラの撮像データ ・DVDやブルーレイディスク（BD）などの動画像記録データ

2.2 ディジタル画像とは

ディジタル画像をデータ量の小さい順に並べると，「2値画像」，「濃淡画像」，「カラー画像」，「動画像」となるが，「濃淡画像」がすべてのベースになっているので，以下では「濃淡画像」，「カラー画像」，「動画像」，「2値画像」の順に説明していく．

2.2.1 濃淡（モノクロ）画像

カラー画像や動画像に対するディジタル処理を分解していくと，基本は濃淡画像処理やその特殊形である 2 値画像処理に帰着する．ここでは，ディジタル化のためのアナログ・ディジタル変換，画像サイズ，解像度（分解能ともいわれる）などのディジタル画像全般における重要な基本事項を説明する．

ある対象物を市販のディジタルカメラ（デジカメ）で撮影する場合を考える．デジカメにおいては，対象物の画像情報は光信号としてとらえられ SD カードなどの記録メディアに記録される．しかし，この画像情報をコンピュータ処理するためにはカメラのレンズ系より集められた光信号を**光電変換素子**により電気信号に変換した後，さらにアナログ・ディジタル変換（**A/D 変換**と略されることが多い）とよばれる変換処理を行わなくてはならない．デジカメは，このような変換を内部で行ってその結果を記録メディアに記録している．また，光電変換用には，**CCD (Charge Coupled Device) センサ**や **CMOS (Complementary Metal Oxide Semiconductor) センサ**とよばれる撮像素子が使われている．

A/D 変換を図 2.1 に示すような 1 次元信号（アナログ波形）を例として説明すると，まず時間軸において一定の時間間隔で波形を**標本化**（**サンプリング**）し，その時点での信号値（光電変換素子の場合は，明るさを表す信号）を離散値（L ビットで表されるディジタル量）に**量子化**する処理となる．画像の場合，A/D 変換の結果は図 2.2 に示すような，要素として L ビット値（非負の整数値として考えればよい）をもつ行列（マトリクス）となる．このとき，行列の要素（標本点）を**画素**（**ピクセル**とよぶこともある），画素の値を**画素値**，行列の大きさを**画像サイズ**（単に**画素数**ということもある）という．たとえば，行列の大きさが M 行 N 列である場合には，その画像の大きさは $M \times N$，または $N \times M$ であると表現される．日本語の「縦横」（「横縦」と

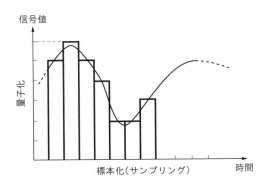

図 2.1 アナログ・ディジタル変換の例（1 次元波形の場合）

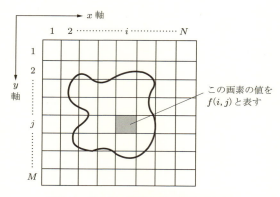

図 2.2 ディジタル濃淡画像の行列表現の例

は普通いわない）という言葉からは M（縦）$\times N$（横）となるが，モニタ画面の表記では $N \times M$ が多い．画素値が L ビットで表現される場合，その画像は 2^L 通りの**濃度**（「輝度」，「明度」という表現が用いられることもあるが，以下では一般的に「濃度」ということにする）レベルをもつことになる．実用上では画素値は 8 ビットで表現されることがほとんどであり，その場合は 0，1，$\cdots$，255 といったような 0 から 255（通常は，0 が最も暗く，255 が最も明るい）の画素値となる．行列の場合は，図2.2 に示す j 行 i 列の要素（画素に相当）を通常，(j, i) と表記するが，ディジタル画像の場合は 2 次元平面上の x-y 座標として (i, j) と表すことが多い．すなわち，画像の左上を原点 $(0, 0)$ として，水平（右横）方向に正の x 軸座標，垂直（下）方向に正の y 軸座標を定義するのが一般的である．本書では，ディジタル画像を f と表し，f における座標 (i, j) の画素の値を $f(i, j)$ と形式的に表現する．f がディジタル濃淡画像の場合は $0 \leqq f(i, j) \leqq 2^L - 1$ となり，以下ではディジタル濃淡画像のことを単に**濃淡画像**とよぶ．

　ここで，画像の標本化における標本点間隔をどれぐらいにすればもとの画像情報を十分に保存しているか（厳密には，標本化画像からもとの連続画像を再構成できるか）という標本点間隔の決定が画像入力の際の重要な問題となるが，通常，固定値を用いる場合が多い．理論的には，「標本化定理」がよく知られており，この定理の条件を満たす内容の画像であるならば，定理によって導かれる標本点間隔に設定すればよい．しかし，実際の画像に対しては事前にその性質を知ることが困難である場合が多い．したがって，連続画像中に含まれる標本点間隔より細かい微細な明暗情報は欠落してしまうが，実用上無視できるとみなすことが多い．

　画像サイズとよく一緒に出てくる用語が**解像度**や**分解能**であるが，液晶ディスプレイなどのコンピュータのモニタとスキャナやプリンタなどの画像入出力装置とでは定

義が異なっている．モニタでは，画面全体に表示できる画像サイズ（$N \times M$）を指している（2.3.2 項参照）．一方，スキャナやプリンタでは単位長さあたりの画素数を意味する．標本化が必ずしも正方格子とは限らないので縦方向と横方向を別々に分けて，1ミリメートル（または1インチ）あたり何点（ドット）で標本化されるかという尺度で，点／ミリ，点／インチ（dot per inch を略して dpi としばしば表記される）などと表現される．dpi は1インチ（2.54センチ）中に配置するドット（画素）数を表す画像の入出力に伴う単位である．スキャナならば，画像を読み取る密度，プリンタでは，画像を印刷する密度を意味する．数値が大きいほど高解像度であるが，データ自体の大きさ（モニタでの画像の縦横サイズ）を示す単位ではない．また，ドットの一つ分の大きさ（ドットサイズ）は，カタログ仕様には表立って記載されていない場合も多い．

なお，上記では画素値は可視光情報としての濃度値であると説明したが，たとえば医用におけるX線（レントゲン）写真やCT像のような場合も同様の形式表現が可能である．さらに，CT像の場合は断層像が位置連続的に得られるので3次元の形式表現（$f(i,j,k)$）に拡張できる．このようなディジタル画像は，**3次元画像**とよばれている．

2.2.2　カラー画像

ディジタル・カラー画像を理解するためには，色のつくり方（発色法）について知っておく必要がある．発色法には，**加法混色法（加色法）** と **減法混色法（減色法）** がある．加色法は発光物体により発色を行う方法であり，その代表例は，液晶ディスプレイにおけるカラーフィルタによる発色である．よく知られているように原色として，赤（R），緑（G），青（B）の光を使用し（液晶ディスプレイの場合は，3種のカラーフィルタによる色素の吸収を利用して通過光をR，G，Bの三原色の光とする），それぞれの光源の輝度を変化させることによりすべての色を発色させることができる．たとえば，それぞれの輝度が等しい場合，次のようになる．

・R + G → 黄

・G + B → シアン

・R + B → マゼンタ

・R + G + B → 白

このようにR，G，Bの三つのディジタル化された信号値（通常，各8ビットの256

レベル）を用いた場合を **RGB のカラー画像表現** とよぶ．

　減色法は塗ることにより反射光の色を調整する方法であり，その代表例は，印刷，絵の具（絵画）である．この場合はシアン（C），マゼンタ（M），黄（Y）を原色として使用する．減色法では，C, M, Y をすべて等しく混ぜ合わせた場合は黒となる．原理的には，CMY の 3 色ですべての色の発色が可能であるが，実際の印刷では完全な黒をつくることが難しいため，実用的には黒（K）を加えた 4 色のインクの混合によって発色している．このように C, M, Y, K の各信号（通常，各 8 ビット）に分解した場合を **CMYK のカラー画像表現** とよぶ．ここでのポイントは，カラー画像入力時は必ず RGB 信号として得られるので，カラープリンタで RGB データを印刷する場合，プリンタ内部で CMYK データに変換しているということである．CMYK の 4 色それぞれに階調があるので 3 色の RGB よりはデータ量が多くなるが，画像データとしての品質が本質的に向上するわけではないことに注意されたい．

　上記のように，カラー画像の表現としては RGB がオリジナルであるので，一般的な（印刷に関わる処理以外）ディジタル・カラー画像処理は，RGB の三つのディジタル信号値に対する処理のことを指す．そして，具体的にカラー画像を画像メモリ上でディジタル処理したり，ファイルデータとして保存したり，データ交換するためのフォーマットとしては，「点順次」と「面順次」の二つが用いられることが多い（**図 2.3** 参照）．

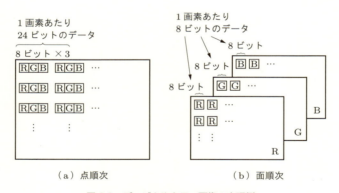

図 2.3　ディジタルカラー画像の表現例

　点順次 は，画素単位で記録したもの，すなわち，RGB の画素を一つのデータ単位としてまとめたものである．R, G, B の信号値が各 8 ビットで表現されているとすると，1 画素あたり 24 ビットのレコードとなる．

　面順次 は，RGB ごとのフレーム単位で保存したもの，すなわち，RGB ごとに信号値を分割し，1 画素を三つのレコードとしたものである．

カラー画像は，3種の濃淡画像が1組となったものとしてとらえることができ，形式表現としては，

$$\{f_c(i,j)\}, \quad c = \mathrm{R, G, B}$$

と表すことができる．しかし，実際にパソコンで扱う場合の具体的なデータ形式（フォーマット）は様々であるので注意が必要である．たとえば，BMP（ビットマップ）形式は米国マイクロソフト社のウィンドウズOSの標準形式として，また，PICT（ピクト）形式は米国アップル社のマックOSの標準形式としてよく知られている．ところで，コンピュータの世界で「フルカラー」という用語があるが，これは，R（256レベル）×G（256レベル）×B（256レベル）＝16777216色（簡単に1670万色ともいう）の階調をもつディジタル画像のことを指している．

なお，パソコン上で取り扱われるカラー画像形式として，**ラスタ画像とベクタ画像**という言葉をよく耳にする（図2.4）．これらは，画像を生成したり編集したりすることを目的とした，いわゆるグラフィックス技術における分類である．ラスタ画像というのは，本書で主な処理対象としているデータ表現であり，画素から構成されるディジタル画像を指す．写真などの自然画像を表現する通常のデータ表現であるが，ベクタ画像と対比する際に用いることが多い．一方，ベクタ画像というのはCG画像などの人工的なイメージ情報を表現するデータ表現であり，描画されたものはラスタ画像と変わらないが，コンピュータ内部では図形を構成する各線分の長さと方向（ベクタ情報），および表示色，さらには図形が囲む領域（閉領域）の塗りつぶし色などの数値情報からデータが構成されている．

補足として，ここではカラー画像の形式表現を，

$$\{f_c(i,j)\}, \quad c = \mathrm{R, G, B}$$

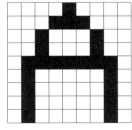
（a）ラスタ画像

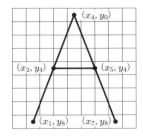
（b）ベクタ画像

図 2.4 ラスタ画像とベクタ画像

としたが，その拡張により複数のスペクトル帯（波長帯）の放射画像を同様に取り扱うことが可能である．すなわち，

$$\{f_c(i,j)\}, \quad c = 1, 2, \cdots, S$$

によりリモートセンシング（航空機や衛星からの電磁波を用いての地表探査）などで採用されている**マルチスペクトル画像**を形式表現することができる．

2.2.3 動画像

我々に身近な動画像の代表例として，まずテレビジョン方式（いわゆるテレビ）について説明する．テレビでは，上から下へ水平線（「走査線」とよぶ）で画面を走査して（「スキャニング」とよばれ，日本語で「スキャンする」などともいわれる）1画面を構成するが，実際には，1画面を1回で走査しないで，1本おきに走査する**インタレース走査方式（飛び越し走査）**が用いられている．なお，走査線の集合は「ラスタ」とよばれることがあり，上から下へ走査することを「ラスタスキャン」といったりもする．

インタレース走査方式では，一つの画面の走査を**図2.5**（a）のように奇数番の走査と偶数番の走査の半分ずつに分け，両方の走査を合わせて1画面をつくる．奇数番の走査により構成される画面（走査線の集合）を**奇数フィールド**，偶数番の走査により構成される画面を**偶数フィールド**とよぶ．そして二つのフィールドを合わせて**フレーム**とよぶ．通常，それぞれのフィールドは毎秒60回描かれ（走査され），両方合わせて一つのフレームが描かれる．人間の目には，奇数の走査線が残像として残っているので，1枚の画像のように見えるのである．したがって，フレームの描かれる速度（フレームレート）は毎秒30回となり，フレームレートは「fps (frame per second)」という単位で表される．

インタレース走査方式に対して，1回の走査で画面を構成する方式を**ノンインタレー**

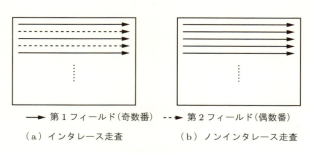

図 2.5 画面の走査方式の模式図

ス走査方式（順次走査）とよぶ（図 2.5（b））．テレビにおいて，インタレース走査方式が採用された理由は，ノンインタレース走査方式に比べて同じ映像帯域で動きの速い映像を送ることができる（**フリッカ**とよばれるチラツキを少なくできる）からである．

現在のディジタル放送には，ハイビジョン放送（HDTV）とよばれる HD 放送と標準放送とよばれる SD 放送があり，HD 放送の解像度には 1920 × 1080（BS ディジタル放送）と 1440 × 1080（地上ディジタル放送）の二つがある．最も解像度の高い 1920 × 1080 は，「フルハイビジョン」とよばれている．

動画像は，映像（ビデオ）ともよばれており，映像というとすぐテレビに結びつけて考えがちであるが，コンピュータ（パソコン）のモニタ画面にも映像を表示することができる．しかし，パソコン画面の表示においては文字情報や静止画像が主体であるので，ノンインタレース走査方式が使用されている（パソコンの世界では，**プログレッシブ走査方式**ともよんでいる）．

動画像をパソコンで処理する場合は，ウェブカメラとよばれるカメラからの信号を，USB (Universal Serial Bus) インターフェースを介してリアルタイムにディジタル入力することが多い．データ入力速度は，通常，最大で毎秒 30 フレームであるが，処理対象によっては毎秒 10 フレーム程度で十分なこともあり，その際は適当な時間間隔で画像（フレーム）を間引けばよい．

このような時系列としての複数枚のディジタル画像を，本書では**動画像**（さらに，カラー情報が加わる場合は**カラー動画像**）とよぶ．論理的な形式表現としては，

$$\{f_t(i,j)\}, \quad t = 1, 2, \cdots, p$$

となる．動画像といってもその内容は様々であり，物体が動いていることもあれば，カメラ（視点）側が動いていることもある．あるいは，単に照明の変動により画面内の明るさが時間とともに変化している場合もある．

なお，動画像の形式表現として，時間軸を加えて見かけ上は 3 次元とした

$$f(i,j,t)$$

という表し方もあり，このように表現された画像は特に**時空間画像**とよばれている．

ところで，パソコンにより動画像を取り扱う場合は特にデータ圧縮技術が重要となり，その形式についての標準化が進んでいる．画像を圧縮する目的は，磁気ディスクなどのデータ蓄積装置に大量のデータを効率よく保存するためであったり，ネットワーク上で高速にデータ伝送するためであったりする．画像データの圧縮方式は，「可逆方式」と「非可逆方式」の二つに大きく分けることができる．

可逆方式では，データを圧縮しても完全に復元できるので何度圧縮しても画質が劣化することはない．ここでは，データに含まれる共通の冗長性（間延びした無駄な部分）を排除してデータ容量を少なくするという，データ圧縮の一般的な考え方に基づいた単純な符号化アルゴリズムが用いられている．そのため，一般的に圧縮率は低く，通常，1/2 から 1/3 程度といわれている．

一方，非可逆圧縮方式では完全にはもとに戻せないが，データの圧縮率を高くでき，一般的な圧縮率は 1/5 から 1/50 とされている．通常，単純な符号化（代表的なものに「ハフマン符号化」がある）に DCT（離散コサイン変換）などの高度なアルゴリズムを加えるなどして実現することが多い．何回も圧縮を繰り返すと徐々に画質が劣化していくので注意が必要である．

動画像の圧縮の場合，所望の符号化速度や伝送速度を達成するためには非可逆方式にならざるを得ず，1 フレーム分の画像（静止画像）を圧縮するという考え方（空間方向の圧縮であり，**フレーム内予測符号化**とよばれる）に加えて，時間方向に圧縮するという考え方（**フレーム間予測符号化**とよばれる）を採用している．この時間方向の圧縮というのは，時間軸上で連続するフレーム間での冗長性（類似部分）を除いてデータ圧縮を図ろうとするものである．動きの速い画像に対しては，画像間の共通情報が少ないので圧縮率が低くなるが，動きの遅い画像の場合は，画像間の情報に共通する部分が多いので圧縮率が高くなる．

国際標準の動画像圧縮方式である MPEG（「エムペグ」と発音され，Moving Picture Experts Group の略）では，カラー静止画の国際標準圧縮方式である JPEG（「ジェイペグ」と発音）と同じ DCT アルゴリズムに，映像の変化を予測するアルゴリズム（**動き補償フレーム間予測**）を組み合わせている．

動画像データのファイルフォーマットとしては，国際標準のデータ圧縮方式である MPEG1，MPEG2，MPEG4 などの MPEG 方式を用いたもの（簡単に MPEG ファイルなどとよばれている），ウィンドウズ OS が採用している AVI 形式，静止画像を連続的に圧縮しただけのモーション JPEG（電子的な紙芝居）などが一般的によく用いられている．

なお，動画像の伝送速度は**ビットレート**とよばれ，**bps (bit per second)** という単位で表現されることが多い．ここで重要なことは，圧縮率を先に決めるのではなく，ビットレートをまず優先し，後は画像の内容によって結果的に圧縮率を決めるといった処理ができるという点である．すなわち，ビットレートに応じて画質を決めるということである．具体的には，処理システムにおいて高ビットレートが許される場合は，画像サイズを大きくするか画像サイズはそのままで画質を最善にし（圧縮率を下げる），低ビットレートに制限される場合は，画像サイズを小さくするか画質を犠牲にする（圧

縮率を上げる）といった調整が可能となる．このような処理は，ネットワーク上のコンピュータ間で動画像をリアルタイムにやり取りする場合に好都合であり，まさにディジタル画像処理の強みである．

2.2.4　2値画像とディジタル図形

「2値画像」は，前述の濃淡画像の特殊な場合であって，濃淡が2階調しかない（画素値が1ビット）濃淡画像をいう．すなわち，論理的な形式表現は，

$$f(i,j) = 0 \text{ または } 1$$

となる．2値画像に含まれる情報は，文字や記号，線，対象物の輪郭形状などの，いわゆる図形情報である．ここで注意すべき点は，文字・記号・図面・地図のようにもともと2値の情報しかもたない画像であっても，イメージ・スキャナなどを通して取り込まれた画像データは見かけ上，濃淡画像となることである（図2.6）．そこで，いったん，濃淡画像としてコンピュータ内に取り込んだ後，しきい値処理を行って2値画像に変換する（3.3.2項で詳しく説明）．

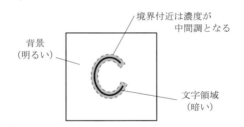

図 2.6　文書（2値情報）も入力すれば濃淡画像

2値画像は，0と1から構成されるデータであるのでコンピュータにとっては最も扱いやすくディジタル画像処理の中核を成している．すなわち，濃淡画像処理といっても細かく見れば，2値画像処理の組み合わせであることが多い．そして，2値画像をディジタル処理する上でのポイントは，「連結性」の考え方である．

連結性について

連続平面（アナログ）では，図形がつながっている（連続している）というのは直感的に理解できるが，格子点上に画素が配置されているディジタル2値画像（ディジタル図形）においては，若干の定義が必要である．この連続性の定義には二つの考え方

がある．すなわち，**4連結**と**8連結**である．「4連結」では，**図2.7**に示すように注目画素の上下左右の位置の画素において，自分自身（注目画素）と同じ画素値をもつものが存在する場合に，自分自身はそれらとつながっていると考える．「8連結」というのは，注目画素の上下左右に斜め方向の四つの画素を加えた考え方である（**図2.8**）．これら二つの連結性の定義においては，注目画素を中心とする3×3の近傍領域のみが考慮されていることに注意されたい．また，注目画素の値が1である場合の1-画素（図形領域）の連結性のみでなく，0-画素（背景領域）の連結性も同様に定義できる．ただし，このとき1-画素と0-画素とでは4連結か8連結かの連結性の定義を（つじつまを合わせるために）相補的に行う必要がある．たとえば，1-画素を8連結でつながっているものと定義すると，0-画素は4連結の定義で考えないと位相幾何学的に矛盾することになる（**図2.9**参照）．

実用上，画素のサンプリングが十分な細かさである場合はどちらの連結性の定義を用いても大差ない．サンプリング精度が十分でないと，たとえば図2.9のような場合，

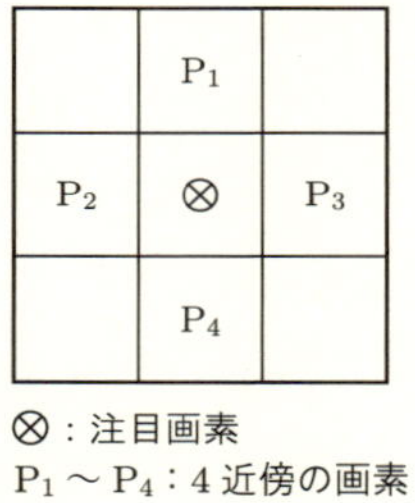

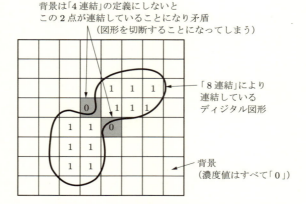

図2.7 ディジタル図形における「4連結」の定義

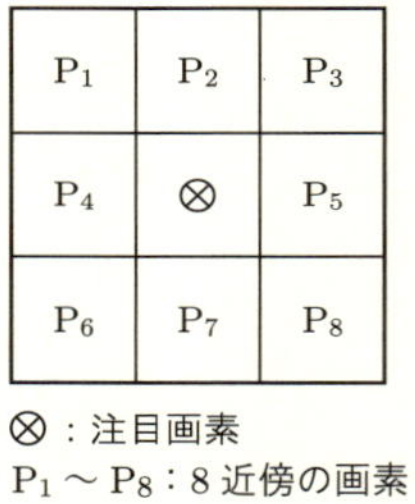

図2.8 ディジタル図形における「8連結」の定義

図2.9 「図形」と「背景」とのディジタル連結関係

全体を一つのつながった図形とみなすか二つに分離した図形ととらえるかは連結性の定義に依存することになる．

2.2.5 ステレオ（多視点）画像

ここでは，まず，単一カメラにおける幾何学的な基本事項を示した後，カメラを複数とした場合のステレオ画像について説明する．

レンズ焦点距離，受光センサ撮像面寸法，被写体の関係

処理対象物（被写体）をどの程度の大きさでモニタ画面に表示するかを求める方法を説明する．レンズの焦点距離とカメラ，被写体間の距離の幾何学的な関係を図 2.10 に示す．受光センサとしては一般的な CCD センサを想定する．レンズを薄肉レンズと仮定して，レンズ焦点距離 f，CCD 撮像面の水平の長さ x，被写体距離 L，被写体の水平の長さ W の関係を近似計算するための式は，

$$W = \frac{x}{f} \times L$$

となる．被写体の垂直の長さ H は，CCD 撮像面の縦横比により計算できる．たとえば 1/2 インチ CCD は水平 6.4 mm，垂直 4.8 mm（横と縦の比は 4 : 3）であり，

$$W = \frac{6.4}{f} \times L, \quad H = \frac{3}{4} \times W$$

となる．

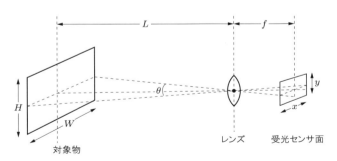

図 2.10　理想的なカメラモデル

水平,垂直方向に対する画角の計算

レンズの画角から被写体の大きさと距離の関係が計算できる(図 2.10).レンズを薄肉レンズと仮定して,水平画角を求める近似式は,

$$\tan\frac{\theta}{2} = \frac{x/2}{f}, \quad すなわち \quad \theta = 2\arctan\frac{x/2}{f}$$

となる.垂直画角は,CCD 撮像面の垂直の長さ y を x の代わりに上式に代入すればよい.ただし,実際のレンズは複数のレンズを合成しているため,正確な画角は,メーカー(カタログ)仕様の数値を利用するのがよい.

単一カメラにより得られる画像は,3次元空間が2次元平面に投影されたものであるので,1枚の2次元画像の情報から3次元空間を完全に復元することは原理上不可能である.そこで,対象物との距離(奥行き)を計測したい場合には,三角測量の原理を用いるために複数カメラ(多視点)からの画像をディジタル入力する必要がある.原理的には,2枚の異なる視点からの画像があればよく,これを**ステレオ画像**とよぶ(図 2.11 参照).ステレオ画像の論理的な形式表現は,

$$\{f_p(i,j)\}, \quad p = \mathrm{L}\,(左眼画像), \mathrm{R}\,(右眼画像)$$

となる.

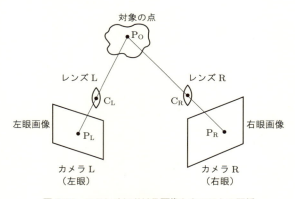

図 2.11 ステレオにおける画像とカメラとの関係

図が示すように,二つのカメラから入力された画像どうしにおいて,対応する点への視線の交点が対象点の位置である.したがって,ステレオ計測では,

(1) 二つのカメラの撮像特性(レンズの焦点距離,CCD 撮像面サイズなど)
(2) 二つのカメラの位置や向き
(3) そして最後に二つのカメラ画像における対応点

がわかれば距離計算できることになる（ステレオ画像処理による距離計測手法については，3.3.11項で詳しく説明する）．

上記の（1）と（2）はハードウェア的な問題であり，撮像特性が既知の二つのカメラを頑丈な台に固定することで一応，対処できる．（3）は画像処理の問題となり，必ずしも対応点が容易に見つかるとは限らないが，**図2.12** の l に示すような**エピポーラ線**上を探せばよいことが知られている．エピポーラ線は，画像面とエピポーラ面との交線であり，**エピポーラ面**とは，図のように対象点と光学中心点を結ぶ2本の直線から構成される面のことをいう．

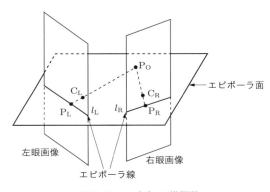

図2.12　エピポーラ幾何学

ステレオ画像上のすべての画素に対して対応づけを行って，距離（奥行き）が計算できたとすると，画素の値として濃度値ではなく，距離（奥行き）値が付与された1枚の画像が得られる．このような画像は**距離画像**とよばれている．そして，複数方向からの距離画像が求められれば，対象物のより正確な3次元形状が推定できることになる．

2.3　ディジタル画像処理とは

この節では，「ディジタル画像」を前提とした種々の画像処理技術について基礎となる考え方を説明する．

2.3.1　処理の目的

画像処理の目的を分類すると，大きくは次の三つとなる（図1.2も参照）．
（1）画像を見て，そこから何か情報を得る．場合によっては楽しんだり，安らぎを

得たりする．この目的のための処理は，さらに三つに分けることができる．
(a) 画像を「正しく（ノイズに惑わされないで）」，そして「見やすく」するための処理．これには，画像補正，画質改善，画像強調などが含まれる（これらを**画像処理グループ1**とする）．
(b) 画像（の内容）を詳しく調べ，「情報」を取り出すための処理．これには，特徴抽出，画像計測，画像解析などが対応する（**画像処理グループ2**とする）．
(c) 画像を「見分ける」ための処理．場合によっては，人間の代行をさせる．これに含まれる処理としては，画像の照合，判別，分類などが挙げられる（**画像処理グループ3**とする）．
(2) 画像を「効率よく送る（他人に見てもらうため）」，あるいは「かさばらないように整理して」しまっておいて，後で必要な画像をその時点で「素早く」取り出す．このような目的のための処理を一口で表現すると「画像を記述する」といった感じになるが，具体的には画像データの圧縮，符号化，構造化などがこれに相当する（**画像処理グループ4**とする）．
(3) 画像を「効率よく，きれいに」加工・編集して，それを他人に見せることによって何らかのメッセージ（情報，意思，感動など）を伝える．画像に対する変換，合成，追加生成などがこれに含まれる（**画像処理グループ5**とする）．なお，何もないところから画像そのものを人工的に生成する技術は，コンピュータグラフィックス（CG）とよばれるが，本書では取り扱わない．
画像処理グループ1から5の詳細については，第3章で詳しく紹介する．

2.3.2　処理システムの基本構成

ディジタル画像処理を行うための基本ハードウェア構成を**図2.13**に示す．図の「入力」には，いわゆるスキャナ，カメラなどの画像入力装置が対応する．ここでのポイントは，入力装置の出力形式（インタフェース）であり，「処理」の受け側もこれに合わせる必要がある．アナログ映像信号の場合は処理側でA/D変換を行って処理装置

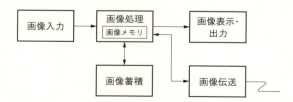

図2.13　ディジタル画像処理のための基本ハードウェア構成

内の画像メモリに取り込むための画像入力ボードを用意しなければならない．たとえば，パソコン用の市販の画像入力ボードでは，640×480画素のフルカラーの画像データが取れる．パソコンでは，1 MB以下のこの程度の画像が手ごろである．「表示・出力」に相当する装置は，いうまでもなくディスプレイやプリンタなどである．ここでのポイントは解像度である．「蓄積」装置としては，一般的な大容量の磁気ディスク，光ディスクなどの装置を用いることができ，ディジタル画像をテキストデータや数値データと見かけ上は同様に扱えばよい．「伝送」においても，ディジタル伝送を考えればよいので特別な装置は必要としないが，ポイントは伝送速度である．

　現在では，半導体回路技術の飛躍的な進歩によって高性能パソコン（PC）を用いれば，処理能力（CPUパワー）と画像メモリ（主記憶）容量としては十分である．ここで，高性能PCとは，CPUの種類やクロック周波数において画像処理に十分な性能をもったPCという意味である．したがって，高性能PCの標準的なハードウェア構成をベースにすれば，処理，表示・出力，蓄積，伝送（LAN接続）の機能はすでに備わっているので，主に検討すべきなのは画像入力装置のみということになる．

　ここでは，画像入力装置についてやや詳しく説明する．以下に，画像入力装置の代表的なものを紹介する．

■ フラットベッドスキャナ

　紙媒体である原稿や写真のディジタル画像をコピーを取るのと同様な操作で入力する装置である．普及型は，A4サイズまでの大きさの用紙を300 dpiの分解能で画面走査が可能である．600 dpiや1200 dpiなどの分解能の機種もあるがそれだけ高価となる．

■ フィルムスキャナ

　フラットベッドスキャナとの機能上の最大の違いはA/D変換機の性能にある．フラットベッドは，輝度値が8ビット精度だが，フィルムスキャナでは，それ以上のビット精度（たとえば，16ビット）が可能となっている．また，35ミリ用とそれ以外のフィルムサイズ用では価格が大きく異なり，35ミリ以外だと高価となる．

■ カメラ

　立体物を撮像するためにはカメラを用いなければならないが，光の波長により使用するカメラの種類が異なってくる．通常のカメラは可視光対応であり，モノクロ（白黒）カメラとカラーカメラがある．現在，撮像素子はCCDやCMOSとよばれる固体撮像素子である．モノクロカメラは固体撮像素子が1枚のみであるが（単板式），カ

ラーカメラの場合は1枚と3枚（3板式）のものがある．単板式は，1枚の固体撮像素子の各画素上にR，G，Bそれぞれの光のみを通す光学フィルタを配置したものであり，3板式は，プリズムによりR，G，Bに分光して各色用の固体撮像素子で受光するものである．たとえば，通常の監視カメラは単板方式がほとんどだが，画質は3板方式に劣る．3板方式は放送局などで業務用に利用されており価格が高い．

この他には，赤外線カメラ，熱映像カメラ（サーマルカメラ），紫外線カメラなどがある．サーマルカメラは，温度の高低を濃淡画像にするため温度差がなければ映像を得られないが，まったく光のないところでも映像が得られるという利点を備えている．

なお，パソコンにおいてはUSBインタフェースをもったカメラを購入すれば簡単に接続可能である．また，カメラを標準搭載しているノートPCも製品化されている．

次に，液晶ディスプレイなどの画面表示装置（モニタ）について触れておく．画像処理システムにおけるモニタはカラー対応であるのが普通である．そして，実際の表示画像の絶対的な大きさは，モニタのサイズ（液晶ディスプレイの場合，有効画面の対角線の長さをインチで表し，15インチとか17インチというようによばれる）や表示解像度の設定によって変わってくる．画像処理が目的であるならば17インチ以上が望ましい．

ところで，パソコンでは，モニタに映像信号を出力するための**ビデオボード**（**ビデオカード**ともいう）とよばれるボードがある．ビデオボードには，**VRAM**（**ビデオRAM**）という半導体メモリが搭載されているが，このVRAMの容量によって，モニタに出力できる画像サイズと発色数が決定されるので注意が必要である．たとえば，2MBのVRAMを搭載していれば，フルカラー（約1670万色）だと800×600までが表示可能だが，256色ならば1280×1024までといった具合である．

補足として，画像サイズ（解像度）とディスプレイ（液晶モニタ）との関係について説明する．液晶モニタで「画面解像度」というと，液晶パネルの物理的な「横ドット数×縦ドット数」を指すのが一般的である．そして，横ドット数と縦ドット数の比は「アスペクト比」とよばれる．コンピュータの世界では，米国IBM社が定めた**VGA（Video Graphics Array）**とよばれる**グラフィックス表示規格**がもとになって，現在，様々な横×縦の表示サイズが用いられている．例を挙げると次のようになり，ここでは，SXGAのアスペクト比は「5：4」であり，そのほかは「4：3」である．

・640×480（VGA）
・800×600（SVGA）
・1024×768（XGA）
・1280×1024（SXGA）
・2048×1536（QXGA）

最近の流れでは，アスペクト比が「16：9」で画面解像度が「1920×1080」の液晶パネルを採用した製品が増えている．これはテレビやAV機器におけるハイビジョン規格を反映したためである．

図2.13のハードウェア構成は汎用機能を想定してのモデル的構成であり，用途によっては入力，表示・出力，蓄積，伝送などの周辺装置は必ずしもすべては必要ない．たとえば，身近な市販の機器として「液晶表示機能付きディジタルスチルカメラ」を取り上げると，入力（カメラレンズ系），処理（画像補正，画像圧縮など），表示（液晶），蓄積（半導体メモリ）を備えた画像処理機器とみなすことができる．また，「ディジタル複写機（コピー機）」は入力（スキャナ入力系），処理（画像補正など），出力（紙印刷）を備えた画像処理機器である．さらに，ブルーレイディスクレコーダは，蓄積（ブルーレイディスク）と処理（画像復元）および表示（液晶表示または家庭のTVに外付け接続）を備えた画像処理機器と見ることができる．

画像処理システムの一つの従来例は，**CCTV (Closed Circuit Television)：閉回路テレビジョン**とよばれるシステムである．これは，一定の閉じられた範囲で特定の人が使用するという意味で，一般的な放送用（開回路テレビジョン）と区別してこのようによばれている．初期のころは，CCTVの利用はほとんど産業分野（たとえば鉄鋼，電力など工業用）であったため，「工業用テレビジョン」とよばれていたが，その後CCTVと名称が変更された．その理由は，教育，医用，監視など利用分野が広がったためである．CCTVシステムの機器構成を次に示す．
（1）レンズ，カメラ，カメラハウジング，旋回台などの画像取り込み部
（2）同軸ケーブル，光ケーブルなどの画像伝送部
（3）画像信号分配器，4分割などの分割映像表示装置などの画像処理部
（4）液晶ディスプレイ，プロジェクタなどの画像表示部
（5）タイムラプス（間欠記録式）VTR，ディスクレコーダなどの録画・再生部

現状のCCTVはアナログ処理が主体であるが，今後はディジタル化が進むものと予想される．その流れの中で人物自動検出機能など（第5章を参照）のインテリジェント化が望まれている．

2.3.3　ディジタル画像処理技術の体系

前述したようにディジタル静止画像は，「カラー画像（マルチスペクトル画像も同様な種類とみなせる）」，「濃淡（多値）画像」，「2値画像」に分かれ（この順で情報量が落ちていく），それらの連続時系列として「動画像（時空間画像も同種とみなせる）」をとらえることができる．また，「ステレオ画像（多視点画像を含む）」，「3次元画像」

は静止画像の空間的な組み合わせ集合とみなすことができる．ディジタル画像に対する処理についても同様に，**図 2.14** に示すような静止画像に対する処理を基本レベルとした階層構造を成している．本書での画像処理技術体系は，この図に従うものであり，最も基本的な **2 値画像処理技術**と**濃淡画像処理技術**に特に重点を置いている．

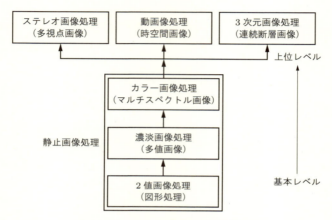

図 2.14 ディジタル画像処理の階層構造

　実際の画像処理を例にとって，上記の階層性の様子をさらに具体的に説明したのが**図 2.15** である．図は，ビデオカメラからのディジタルカラー画像に対する処理のプロセスを示している．たとえば，1.4 節で紹介したカラー画像中の人物が笑っているかどうかを判別する処理は，カラー画像 → 濃淡画像 → 2 値画像 → パターン特徴量という変換プロセスを経て実行することができる．この例では，最終的に人物が笑っているかどうかの判別は，算出した特徴量（面積比）を用いて行っていることになる．なお，現在，カラーカメラがかなり普及しているので，図ではカラー画像を処理のスタートとしているが，モノクロカメラからの画像である場合には，濃淡画像から考えればよい．

図 2.15 カラー画像に対する処理プロセスの例

　ところで，図 2.15 にも示されているが，個々の基本的な画像処理を**データ変換**（形式的な入出力関係）という概念でとらえるとわかりやすい場合もある．たとえば，次

のように整理することができる．

タイプ1　入力と出力の画像の種類が同じになる画像処理を**タイプ1**とする．以下に代表例を挙げる．
- 入力も出力も濃淡画像：
 たとえば，2.3.1項で述べた「画像処理グループ1」に属する処理はすべてこのタイプとなる．具体的には，3.2.1〜3.2.9項で紹介する基本手法が含まれる．
- 入力も出力も2値画像：
 たとえば，「膨張と収縮演算（3.3.3項参照）」や「細線化（3.3.6項）」がこのタイプとなる．

タイプ2　入力と出力の画像の種類が異なる画像処理を**タイプ2**とする．このタイプはさらに細かく，いくつかの「サブタイプ」に分かれる．次のようなサブタイプが代表例である．
- 入力はカラー画像で，出力は濃淡画像：
 RGB画像から輝度情報のみを計算し，濃淡画像に変換する処理が挙げられる（3.6.3項）．
- 入力は濃淡画像で出力は2値画像：
 よく知られた処理は「2値化（3.3.2項）」である．
- 入力は濃淡または2値画像で，出力は何らかの1次元情報：
 この処理は変換というより，抽出または計測・解析といった方が適切かもしれないが，「ヒストグラム計算（3.2.4項）」「連結図形解析（3.3.5項）」，「境界追跡/線分追跡（3.3.7項）」，「射影演算（3.3.8項）」，「ハフ変換（3.3.9項）」などがこのサブタイプに含まれる．

基本的な画像処理手法に関しては，第3章で詳しく紹介する．さらに，実際の画像処理システムとして具体化する際には，個々の分類に属する画像処理基本手法の機能だけではなく，最終目的に応じた組み合わせ方を熟知していなければならない．組み合わせ方については第4章で解説する．

2.4　画像処理技術導入の心得

　現在，高性能パソコンをベースとして，比較的簡単に画像処理技術を導入できる環境が整ってきている．画像処理技術を応用する目的は大小様々であり，製造ラインにおける製品外観検査の自動化といった厳しい性能仕様を求められる場合から，個人利

用の目的で画像アルバムを作成したい場合まである．ここでは，主に前者の「自動化・省力化」を目的として画像処理技術を導入する際の心得について述べる．図2.16に一般的な画像処理システムの設計要件を示す．最も重要な判断のポイントは，画像処理技術（ここでは，特にCCDなどの受光センサからの画像を指す）を用いるのが最も有効かどうかであり，以下で述べる事柄について検討し，他の手段，たとえばレーザ，超音波センサ，圧力センサなどの他のセンサを採用した場合と価格対性能比を比較しなければならない．

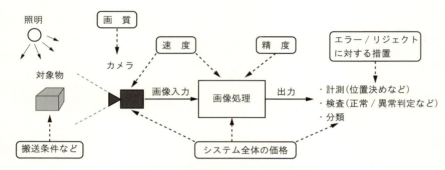

図 2.16　画像処理システムの設計要件

2.4.1　質のよい画像が取り込めるか

実際の応用場面においては，いかにコンピュータに画像を取り込むかがディジタル画像処理を導入する際の最初の問題となることが多い．ここでは，最も一般的なビデオカメラを用いて画像をコンピュータに取り込む場合を想定する．その他として，書類や図面上の文字や図形を認識・処理するような場合があるが，その際はフラットベッドスキャナ（2.3.2項参照）を用いて比較的問題なく取り込むことが可能である．ビデオカメラと画像入力ボードを用いた画像取り込み仕様および環境設定のポイントは次のとおりである．

（1）　**カメラや画像入力ボードの選択**
　次のような項目から最適な選択を行わなければならない．
- モノクロカメラか，カラーカメラかの選択
  ・カラー情報が必要かどうか？
- 通常カメラか，特殊カメラかの選択
  ・可視光波長領域で十分か？
  ・画像取り込み速度は，1フレームあたり1/30秒で十分か？

- 画像サイズは，640×480 画素（VGA カメラ）で十分か？
- 濃度分解能は，モノクロの場合 8 ビット（256 レベルの輝度），カラーの場合は R（レッド），G（グリーン），B（ブルー）の三原色信号あたり各 8 ビットで十分か？

（2） **視野範囲**

　対象物の大きさ，位置ずれ範囲（カメラの振動に起因する変動や対象物が搬送されているような場合の取り込み変動）などに依存し，処理精度に関わる非常に重要な決定事項である．一般的には，最小精度に対して少なくとも 2〜5 画素を割り当てる必要がある．その理由は，カメラ入力時の位置ずれ，A/D 変換精度，対象物の微小な変動，2 値化などのディジタル画像処理上の変動などの様々な要因から発生する誤差を見込んでおかなければならないからである．

（3） **カメラ設置・背景・照明条件**

　画像のコントラスト，明るさの安定性，S/N（信号／ノイズ）比などは，画質そのものに関わり実用上の最もネックとなるところであるが，ポイントはカメラ設置と照明条件を自分たちで自由に決められるか（制御可能か）どうかである．完全に制御可能であれば，質のよい画像取り込みが達成できる．図 2.17 にいくつかの照明例を示す．一般的に，使用環境が屋内である場合には比較的制御可能であるが，屋外（オープン環境）では，日照，天候，季節変化，背景変動，影などの影響で常に良質の画像を得ることは困難である．

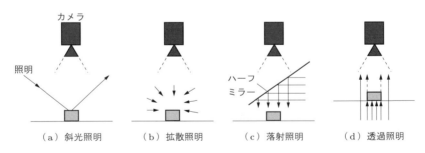

図 2.17　照明方法の例

2.4.2　目標性能（精度，速度）が達成できるか

　特に，製品検査などの自動化，省力化の目的で画像処理技術を導入する場合には，その画像処理システムが大規模になればなるほど本格稼動前の目標性能確認が重要となってくる．問題は，多くの場合，生産ラインが完成するまでサンプルデータしか得られないことである．したがって，通常，次の導入手順が採られる（図 2.18）．

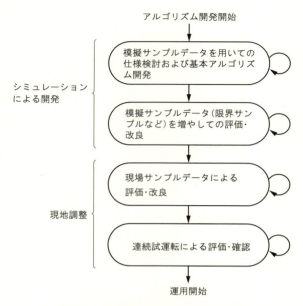

図 2.18　画像処理アルゴリズムの確定手順

（1）　まず比較的少量のサンプルデータから処理アルゴリズムの基本形をつくる．
（2）　次に，徐々に評価データ数を増やしながらベンチマークテストを積み重ね，アルゴリズムを確定させていく．

2.4.3　エラーをどうするか

　実用的な画像処理システムを設計する上で，一つの重要な検討項目はエラー率である．多くの画像処理システムにおいて，処理結果が誤る確率を全くの0にできていない，いいかえれば何らかの避けられない変動のために一定頻度のエラーがどうしても発生してしまっている．しかし，エラーが0でないから実用にならないかといえばそうではなく，自動化・省力化システム全体の目的による．たとえば，人間の眼で行っている製品の目視検査作業を，画像処理で代行させることを想定した場合のエラー率の目標設定は，次のように行えばよい．

　現在，人手で行っている目視検査を「正常」か「異常」かの分別とし，それに要する時間を製品あたり平均 T_0 とする．このとき，たとえ人間であっても「異常」を「正常」と判断してしまう確率（**見落とし率**）が存在し，これを E_0 とする．一方，画像処理システムを導入して自動的に目視検査を行った場合の処理時間を製品あたり平均 T_1 とし，見落とし率を E_1 とする．ここでのポイントは，自動化においては見落とし率

のほかに「正常」を「異常」と判別してしまう**過剰検出率**（E_2 とする）と何らかの原因で判別不能（このときの出力は，「正常か異常かの判別ができない」である）に陥ってしまう**リジェクト率**（E_3 とする）が存在することである．したがって，画像処理システムによって「異常」または「リジェクト」となってしまった製品については，人間の手によって「再検査」を行う作業が余分に必要になってくる．ここで，E_2 が原因で発生する再検査作業時間を平均 T_2，E_3 に起因する再検査作業時間を平均 T_3 とする．

ここでの目的は，現在，人手で行っている目視作業の合計時間を画像処理システムを導入することによってあるレベル以下に（たとえば現在の半分の検査時間に）減らすことである．したがって，画像処理システムの目的が作業時間を現在の 1/2 以下にすることであれば，以下の性能を達成すればよいことになり，これがシステム設計の際の仕様となる（図 2.19 参照）．

$$0.5 \times T_0 \geqq T_1 + T_2 + T_3 \quad かつ \quad E_0 \geqq E_1$$

また，人間が再検査する時間は $(T_2 + T_3)$ であり，これがもともとの T_0 に比べて十分小さい場合（いいかえれば，E_2 や E_3 がかなり小さい場合），検査員の数も減らすことができる．なお，実際には，画像処理システムの導入コストや稼動時間（コンピュータは人間と違って休みなく働くことができる），初期設定作業などの画像処理システムの操作時間など，上記のほかにもいくつかの項目を加味して導入のメリットを検討しなければならない．

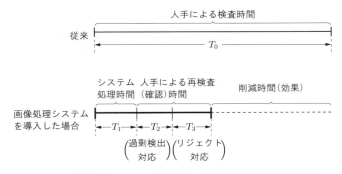

図 2.19 画像処理システムの導入効果の定量的評価（検査時間比較）

参考文献

[1] 鳥脇純一郎："画像理解のためのディジタル画像処理 (I)"，昭晃堂 (1988)
[2] 谷口慶治（編）："画像処理工学——基礎編"，共立出版 (1996)
[3] 徐剛，辻三郎："3次元ビジョン"，共立出版 (1998)
[4] 高木幹雄，下田陽久（監修）："新編 画像解析ハンドブック"，東京大学出版会 (2004)
[5] 画像情報教育振興協会："ビジュアル情報処理——CG・画像処理入門"，CG–ARTS協会 (2006)
[6] 竹村裕夫："CCD・CMOSカメラ技術入門"，コロナ社 (2008)
[7] 杉山賢二："基礎と実践 画像処理入門"，コロナ社 (2010)
[8] 大関和夫："入門 画像工学"，コロナ社 (2010)
[9] 画像情報教育振興協会："ディジタル画像処理［改訂新版］"，CG–ARTS協会 (2015)
[10] 画像情報教育振興協会："コンピュータグラフィックス［改訂新版］"，CG–ARTS協会 (2015)

3章 画像処理技術の基本手法

この章では，実際に画像処理システムを構成する際の基本手法について詳細に説明する．その際，基本手法として33個を取り上げ，それらを五つのグループに分けて，具体例をおり込みながら解説していく．

3.1 はじめに

　この章では，実際の場で画像処理システムを構成する際の，部品に相当する33個の基本手法を紹介する．ここでは，2.3.1項で述べた画像処理の目的に従い，基本手法を五つのグループに分けて説明する．

画像処理グループ1　入力された画像を補正する，画質を改善する，特徴を強調するなど「正しく」，そして人間にとって「見やすい」画像に変換するための処理（9個の基本手法を紹介）．

画像処理グループ2　画像の内容を詳しく調べ，「情報」を取り出す，または取り出しやすくするための処理．たとえば，画像をコンピュータにとって解析しやすい形に変換する，画像を解析し人間にとって，または後のコンピュータ処理に有用な特徴情報を抽出したり計測するなど（この処理が画像処理の中核であり，11個の基本手法を紹介）．

画像処理グループ3　画像を「見分ける」（「パターン認識」する）処理．たとえば，特定パターンを画像中において照合探索する，画像に内在する画像・図形パターンを判別・分類するなど（4個の基本手法）．

画像処理グループ4　画像情報（主に図形情報）を伝送したり蓄積したりするのに都合のよいデータ形式に変換（データ圧縮・符号化）する，コンピュータにとって管理・検索しやすいデータ構造に変換するなどの画像情報を「符号化，構造化する」処理（4個の基本手法）．

画像処理グループ5　画像情報を人間にとって意味ある有効な形に変換，合成，生成して表示するなどの画像情報を「加工・編集する」処理（5個の基本手法）．

3.2　正しく，見やすくする――画像補正・画質改善・画像強調――

　ここでは，ディジタル画像のベースであるディジタル濃淡画像を処理対象とする．コンピュータに取り込まれたディジタル画像には，程度の差はあれ，その入力過程で何らかの歪みを受け，ノイズが混入している場合が多い．ノイズによる画像劣化の過程が事前にわかっていたり，推定できる場合にはそれに応じて対処すればよいが，実際にはよくわからない場合が多い．そこで，この節では，実際の画像に対してそれなりの効果が期待できる画像補正・画質改善・画像強調のための手法のうち，比較的汎用性の高いものをいくつか示す．

3.2.1 コントラスト（濃度階調）補正

　一般的に光電変換入力系の入力信号と出力信号の大きさは比例していなければならない（線形）．市販カメラの場合，光電変換センサとしてはCCDセンサやCMOSセンサが採用されているが，すでにカメラ内部で調整が施されているので特に補正する必要はない．ここでは，ディジタル入力系を自作した場合や表示の見やすさのため，取り込まれたディジタル画像の各画素値を補正する簡単な方法を示す．補正するためには，正しい値（補正値）と入力系を通して得られる値との関係を何らかの方法で事前に知る必要がある（この方法は応用によって異なる）．**図 3.1** に，入力値と補正値の関係を表した例を示す．

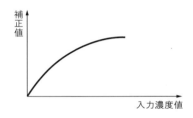

図 3.1　コントラスト補正の例

　実際のディジタル処理においては，有限個の濃度レベル（濃度値が 8 ビットで表現されている場合は 0 から 255 の 256 レベル）の値に対して，その補正値を**データ変換テーブル**として構成しておき，**ルックアップテーブル処理**（4.2 節参照）により補正処理を実現する．注意すべき点は，補正値が最大濃度レベル（8 ビット表現の場合は255）を超えるような場合であるが，そのような場合は最大値に変換するなどの例外処理を行う．

3.2.2　シェーディング補正

　入力系の不具合により，たとえば画像周辺部が本来の明るさより暗い濃度値をもつなど，画像内の画素位置に依存して明るさが歪んだり，さらにその歪みの程度が時間によって変動したりする場合がある（**図 3.2**）．これは，光源などの問題により照明が不均一である，レンズの中心と周辺部で集光度が異なるなどの何らかの物理的要因による．

　このような画素の位置に依存する歪みを補正するためにしばしば用いられる簡単な方法は，「真っ白」な画像（標準白）をあらかじめ見本として用意し，この入力画像の

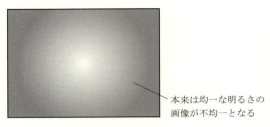

図 3.2 シェーディングの例

画素値を補正係数とすることである．

$$補正画像 = I \times \frac{最大濃度値}{W}$$

ここで，W は「標準白」画像，I は入力画像（補正前）である．最大濃度値は，たとえば 255（8 ビットの場合）などである．

さらに，「真っ黒」な画像も使って（標準黒），以下の変換式により補正する方法もある．

$$補正画像 = (I - B) \times \frac{最大濃度値}{W - B}$$

ここで，B は「標準黒」画像，W と I は上記と同様である．前述のコントラスト補正との違いは，濃度値が同じであっても画素の位置によって変換値が異なることである（つまり，この手法には位置依存性がある）．

3.2.3 濃度正規化

画像が所定の濃度範囲全体に分布していない場合，以下のような簡単な補正変換式を用いて画像濃度分布の全体域（ダイナミックレンジ）を見かけ上，広げることができる．これにより，画像の細部を人間にとって見やすくすることができる（図 3.3）．

$$補正値 = 指定ダイナミックレンジ \times \frac{補正前画素値 - 入力最小画素値}{入力ダイナミックレンジ} + 最小画素値$$

ここで，

$$指定ダイナミックレンジ = 最大指定画素値 - 最小指定画素値$$
$$入力ダイナミックレンジ = 入力最大画素値 - 入力最小画素値$$

となる．また，最小画素値はバイアス値となり，通常は 0 とおく．

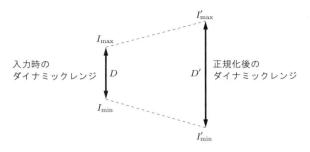

図 3.3 濃度正規化の例

このほかにも，平均値や分散値を指定値に変換するという正規化処理方法を用いることもある．このような変換は，複数の画像を比較する際に有効である．

ただし，上記の変換式は入力画像の濃度値が量子化されておらず連続であるかのようにみなしているが，実際には入力が K 個（たとえば，256 レベル）の離散値に量子化されているとすると濃度正規化を行っても K 個の変換値が生じるだけである．したがって，ひとたびダイナミックレンジが十分広げられると，それ以上広げても人間にとっての細部の見やすさという意味において，あまり効果はない．

3.2.4　ヒストグラム計算／ヒストグラム修正（平坦化）

濃淡画像に対して，濃度ヒストグラム（各濃度値をもつ画素の度数分布）を計算し（「ヒストグラム計算」），そのヒストグラム情報に基づいてもとの画像の濃度変換を行う処理を「ヒストグラム修正」という．一般的に，「濃度の偏った画像は見にくく，均等に分布する画像は見やすい」といわれており，この処理の目的は「人間にとって濃淡バランスがよい」という意味で見やすい濃淡画像に変換することである．通常，濃度ヒストグラムが平坦（度数がほぼ一定）になるような変換が用いられる（「ヒストグラム平坦化」）．この処理は，画像を比較する際などの濃度正規化処理とみなすこともできる．まず，濃度ヒストグラムの計算手順を以下に示す．

ヒストグラム計算

ここで，$f(i,j)$ は，濃度レベルが 256（8 ビット），大きさが $M \times N$ の画像とする．また，求める濃度ヒストグラムを $HST(k)$ と表す．k は $0, 1, \cdots, 255$ である．

Step 1　ヒストグラムを初期化する．すなわち，すべての $HST(k)$ を 0 とおく．
Step 2　最も左上の画素からラスタ走査の順で，$f(i,j)$ のすべての画素について以下

の計算を行う．以下では，$\Leftarrow$ は代入を意味する．

$$k \Leftarrow f(i,j), \quad HST(k) \Leftarrow HST(k)+1$$

なお，上記の計算によって得られる HST の度数の総和は，$M \times N$（全画素数）に等しくなる．

次に，濃度ヒストグラムの平坦化処理の方法について説明する．ポイントは，分布度数が大きい付近をより細かく，かつ小さいところをより粗く，濃度量子化の濃度幅（スライス幅）を調節することである．この調節を自動的に行うためには累積ヒストグラムを計算して，度数を等間隔にスライスしていくのが簡単である（図 3.4 参照）．ただし，実際にはすでに量子化された濃度値に対する計算なので，一つの濃度レベルを細分しなければならない場合は工夫を要する．たとえば，ランダムに画素を選ぶとか，近傍の平均濃度によって画素を振り分けるなどといった手段を適宜用いる．

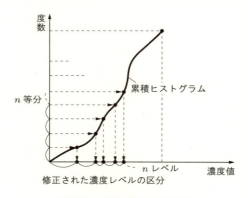

図 3.4 ヒストグラム修正の例

3.2.5 幾何補正（アフィン変換）

画像入力時に発生するノイズは，濃度情報に対してばかりではなく位置（空間）情報に対しても影響を及ぼす．位置に対してのノイズは，幾何的な歪みとなって現れるが，ここでは回転，拡大または縮小などの歪み（「線形歪み」と総称される）と平行移動が組み合わさった歪みを想定する．このような歪みは，次に示す**アフィン変換**とよばれる座標変換式により表すことができる．これらの式は，歪みのない座標系 (x,y) から歪んだ座標系 (X,Y) への変換を表したものである（図 3.5）．

・平行移動 ＋ 拡大・縮小の場合

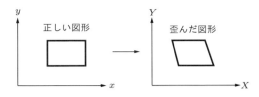

図 3.5　アフィン変換による歪みの例

$$X = ax + b, \quad Y = cy + d$$

・回転の場合

$$X = x \cdot \cos\theta + y \cdot \sin\theta, \quad Y = -x \cdot \sin\theta + y \cdot \cos\theta$$

・アフィン変換の一般式

$$X = ax + by + c = H_X(x, y), \quad Y = dx + ey + f = H_Y(x, y)$$

アフィン変換の一般式が示すようにアフィン変換は6個の変換係数をもっているので，x, y 座標（変換前）と X, Y 座標（変換後）とで3点の対応関係が既知であれば，すべての係数を一意に決定できる．対応関係が3組以上得られている場合は，通常，**最小2乗法**により最適解を計算する．また，実際の場面においては，幾何歪みは必ずしも線形とは限らないので部分的に線形とみなして組み合わせて用いることもある．たとえば，図3.6のようにいくつかの三角形領域に分割してそれぞれに対して，別々にアフィン変換を施すといった方法が考えられる（このとき，辺上の画素（図3.6では破線上）は共通するので平均化するなどの適当な処理が必要）．

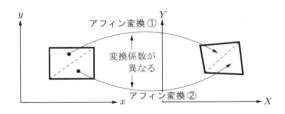

図 3.6　三角形ごとのアフィン変換の例

ここでの注意は，ディジタル画像においては格子点上の画素どうしが必ずしも変換式により対応づけられる保証がないので，補間処理が重要となってくることである．具体的に説明すると，歪みなしの画像（補正後の画像）を f_r，f_r の格子点上の座標を (x_0, y_0) とし，さらに歪んだ画像（入力画像）を f_a とすると，アフィン変換によ

る (x_0, y_0) の f_a における座標 (X_0, Y_0) は次のように表される.

$$(X_0, Y_0) = (H_X(x_0, y_0), \ H_Y(x_0, y_0))$$

上記の式は，$f_r(x_0, y_0)$ は $f_a(X_0, Y_0)$ と等しいことを意味しており，この関係を使って f_a より f_r を求めることができるが，ここでの問題は，X_0, Y_0 は，必ずしも整数になるとは限らない（f_a の格子点に一致するとは限らない）ことである（図3.7）．この対処方法として，よく使われる二つの方法を以下に示す．

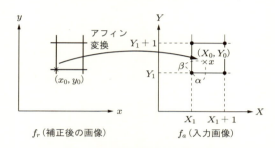

図 **3.7** アフィン変換後の点が格子点でない例

方法 1：0 次補間

(X_0, Y_0) に最も近い f_a の格子点 (X_1, Y_1) の濃度値を画素 (X_0, Y_0) の濃度値とする．

方法 2：1 次補間

$X_1 \leqq X_0 < X_1 + 1$ かつ $Y_1 \leqq Y_0 < Y_1 + 1$ とする．つまり，(X_0, Y_0) は 4 点 (X_1, Y_1), $(X_1 + 1, Y_1)$, $(X_1, Y_1 + 1)$, $(X_1 + 1, Y_1 + 1)$ により囲まれていることになる．このとき，

$$\begin{aligned} f_r(X_0, Y_0) &= (1-\alpha)(1-\beta) \times f_r(X_1, Y_1) + \alpha(1-\beta) \times f_r(X_1 + 1, Y_1) \\ &+ (1-\alpha)\beta \times f_r(X_1, Y_1 + 1) + \alpha\beta \times f_r(X_1 + 1, Y_1 + 1) \end{aligned}$$

と計算する．ここで，$\alpha = X_0 - X_1$，$\beta = Y_0 - Y_1$ である．実際には，画素値は整数値でなければならないので補間値をさらに整数化する処理を施す．また，画像の外側の画素値が必要な場合は，方法1を用いるなど便宜的な対処法を決めておく．

上記の方法1は，数学的には0次補間，方法2は1次補間（または直線補間）とよばれている方法である．さらに，精度の高い補間を実行するにはより多くの原画像の

画素値を用いて補間値を計算すればよいが，それだけ計算時間を要する．ディジタル画像処理の場合，整数倍に拡大または縮小することも多いが，その簡便な方法については 3.6.1 項で説明する．

3.2.6 ノイズ除去

実際に入力系より得られる画像は，「本来の画像」に**ノイズ**が何らかの形で付加されたものである．通常，「ノイズ」はあっては邪魔なものなので何とかうまく分離できるかがポイントとなる．ここでは，**ごま塩ノイズ**などのランダムなノイズが加わったとして，それを除去する方法を考える．

「ごま塩ノイズ」というのは，ノイズがその近傍とはっきり区別できるような孤立点となっているものを指し（図 3.8），これを除去するための方法を以下に示す．

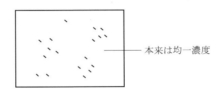

図 3.8 ごま塩ノイズの例

方法 1 : 2 個のパラメータを用いてノイズと判定

各点の濃度値とその近傍 8 点の濃度値を比較し，差の絶対値が T（たとえば 3）以上異なる点が Q（たとえば 7）個以上あるとき，その点をノイズとみなし近傍 8 点の平均値で置き換える．そうでない場合は，何もしない．

上記の方法の枠組みは，次のようなものとなっている．

Step 1 注目点の濃度値とその点の「ある範囲の近傍」（通常は 8 近傍）の濃度値を比較する．

Step 2 近傍の Q（パラメータ 1）個以上の点より，T（パラメータ 2）以上大きい，または小さい場合にその点をノイズとみなす．そうでない（差が少ない）場合は，何もしないで次の注目点へ．

Step 3 ノイズ点の正しい濃度値を，近傍点からの内挿計算（たとえば，近傍の平均化）によって推定し，もとの濃度値を推定値で置き換える．

上記 Step 2 ですべての近傍点としないのは，エッジや線上の点を考慮してのことで

あるが，それを考えない（あるいは，多少犠牲にしてもよい）のであれば上記の方法をさらに簡単化して，次のようにすることができる．

方法 2：パラメータを 1 個にして簡単化
　各点の濃度値とその近傍 8 点の平均濃度値を比較し，値が T（たとえば 3）以上異なるとき，その点をノイズ点とみなしその濃度値を平均値で置き換える．そうでない場合は，何もしない．

　上記二つの方法におけるしきい値 T の決め方としては，ノイズの標準偏差の推定値 σ の定数倍とするのが適当である．σ の測定方法としては，ノイズのない画像において濃度が一定であると考えられる領域の標準偏差を計算すればよい（ノイズの平均値は 0 と仮定）．

3.2.7　空間フィルタリングと平滑化

　ノイズをうまく分離して除去できない場合には，画像全体を積極的にぼかしてノイズを目立たなくする（弱める）しかない（図 3.9）．この方法として，近隣画素の濃度値に基づいて注目（中心）画素の濃度値を補正（平滑化）する**空間フィルタリング**とよばれる手法がしばしば用いられる．空間フィルタリングの中でも，特に以下に示す計算式による**線形フィルタリング**とよばれる手法が簡単で使いやすい．

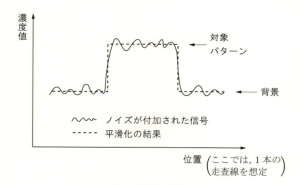

図 3.9　平滑化の例

線形フィルタリングの計算式

　ここでは，線形フィルタを $(2m+1) \times (2n+1)$ の重みパターン $W_{p,q}$ で表す．$W_{p,q}$ は $(2n+1)$ 行 $(2m+1)$ 列の行列の形で表現されており，**オペレータ**などとも

よばれる．

$$f_r(i,j) = \sum_{q=-n}^{n}\sum_{p=-m}^{m} W_{p,q} \times f_a(i+p, j+q)$$

ここで，f_a は入力画像，f_r は出力画像である．すべての重みが等しい場合には，注目画素とその近傍画素の間で単純平均による平滑化が行われる．近傍領域の範囲（m や n の値）は，画像やノイズの種類に応じて決めなければならないが，通常，3×3（$m = n = 1$）程度の近傍とすることが多い（図 3.10）．

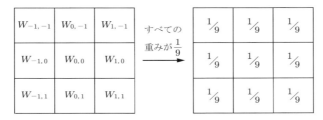

図 3.10　3 × 3 の平滑化フィルタ（平均処理）

しかし，線形フィルタリングによる平滑化を行うと線や辺縁部も同時にぼけてしまうという欠点がある．このぼけの程度をできるだけ少なくするための方法として，**非線形フィルタリング**とよばれる手法（前述の線形フィルタリングの計算式では表現できない空間フィルタリング手法）に属する次の二つがある．ただし，これらの処理を行うと余分な比較処理（非線形平滑化処理）の分だけ処理時間が増える．

方法 1：メディアンフィルタ

近傍画素の中央値（3 × 3 の 9 画素の場合は大きい方から 5 番目）で置き換える．

方法 2：選択的局所平均化

注目画素の近傍領域にエッジまたは線が存在するかどうかを判定し，あると判定された場合には，そのままとする（平均化処理を行わない）．エッジまたは線が存在するかどうかの判定は，たとえばいくつかの方向に沿った局所的な領域を定義し，その領域の分散値がある値以上のときに存在しているとする．

3.2.8　エッジ強調

ぼけている入力画像に対しては，そのぼけ関数を推定して回復するのがよいが，通

常，その推定は容易ではない．一般的には，エッジ部分の細かな情報が重要であることが多いので，エッジの尖鋭さの強調を目的とした以下の方法がよく用いられる．

図 3.11 は，1 次元の場合を例としてステップエッジ強調処理の原理を示している．すなわち，2 次微分をもとのエッジから引くことによって，傾斜の底とエッジの下端でアンダシュートが生じ，傾斜の肩とエッジの上端ではオーバシュートが生じている．2 次元の場合は，画像（ここでは，関数的に $f(x,y)$ と表す）からその画像のラプラシアンを引くことが，画像のぼけを弱める（エッジを強調する）効果をもつ．

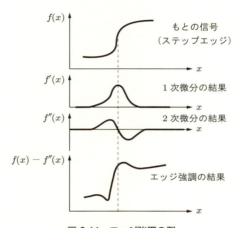

図 3.11　エッジ強調の例

上記のことを式で示す．まず，1 次微分処理は，差分で近似できるので

$$\frac{\delta f(x,y)}{\delta x} \sim f_{i,j} - f_{i-1,j} \quad \text{（ここでは } f(i,j) \text{ を } f_{i,j} \text{ と表す）}$$

$$\frac{\delta f(x,y)}{\delta y} \sim f_{i,j} - f_{i,j-1}$$

さらに，2 次微分を差分表現すると，

$$\frac{\delta^2 f(x,y)}{\delta x^2} \sim f_{i+1,j} - 2f_{i,j} + f_{i-1,j}$$

$$\frac{\delta^2 f(x,y)}{\delta y^2} \sim f_{i,j+1} - 2f_{i,j} + f_{i,j-1}$$

したがって，4 近傍差分ラプラシアンは次のようになる．

$$\frac{\delta^2 f(x,y)}{\delta x^2} + \frac{\delta^2 f(x,y)}{\delta y^2} \sim f_{i,j+1} + f_{i,j-1} + f_{i+1,j} + f_{i-1,j} - 4f_{i,j}$$

図 3.12 に4近傍差分ラプラシアンフィルタと8近傍差分ラプラシアンフィルタおよび，4近傍エッジ強調フィルタと8近傍エッジ強調フィルタを示す．これらのフィルタは，3.2.7 項で説明した線形フィルタの一種である．

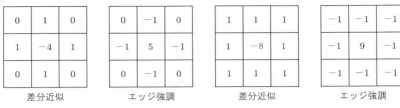

（a）4近傍処理の場合　　　　　　　　（b）8近傍処理の場合

図 3.12　ラプラシアンの差分近似フィルタとエッジ強調フィルタ

なお，3.2.7 項の平滑化処理を行った後で，ここでの処理を行えば必ずしもうまくいくとは限らないので注意されたい（定性的な性質を述べているだけで，定量的に相補的である保証は何もない）．

3.2.9　周波数補正

画像に含まれるノイズの中で画像全体に渡って周期的に出現するものは，入力画像を周波数空間に変換するとノイズがうまく分離できる場合がある．すなわち，フーリエ変換 → ノイズ成分の除去 → 逆フーリエ変換という方法である．この方法も一種の平滑化処理とみなすことができるが，3.2.7 項で述べた方法に比べ計算量が多くなる．

ただし，単純に高周波成分を除去したのでは，エッジ部にリップル（さざなみのように波打つ現象）が生じるなど不具合の原因となるため注意を要する．図 3.13 に典型的な周波数フィルタの例を示す．周波数フィルタの詳細な設計方法を理解するためには，ディジタルフィルタの理論を知る必要がある．

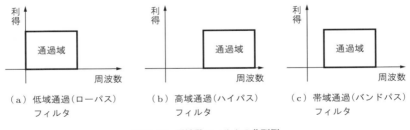

図 3.13　周波数フィルタの典型例

3.3 情報を取り出す――特徴抽出・計測・解析――

画像の中に含まれるパターン，図形，物体などに関する何らかの情報を得たい場合，中間的に0・1の**2値画像**に変換しておいた方が効率的であることが多い．また，対象の形状情報が重要である場合には**線画像**に変換した方が都合がよい．入力画像が，カラーであったり，動画であったり，ステレオ画像であったとしても基本は同じである．ここでは，画像に対して特徴抽出・計測・解析などを行って所望の情報を取り出すための基本手法を紹介する．

3.3.1 エッジ検出

濃淡画像に含まれる濃度の変化が激しい部分（不連続点が線状に連なるところ）を**エッジ**とよぶ．エッジは一つの領域が終わって別の領域が始まっている境界線（たとえば物体の輪郭形状を表現する線）であったり，切れ目・裂け目・しわなどの断片的線分とみなすことができ，画像の計測・解析，さらには3.4節で説明する照合・判別・分類においては非常に重要な特徴である．一口にエッジといっても様々であり，図3.14に典型的な三つのタイプ，すなわち**ステップエッジ**，**ルーフ（屋根形）エッジ**，**スパイクエッジ**（これはエッジというよりこの場合は「線」といった方が適当かもしれない）を示す．ただし，これらは理想的な場合の断面であり，実際はノイズを含んだぼけのあるものとなる．

(a) ステップエッジ　　(b) ルーフエッジ　　(c) スパイクエッジ
　　　　　　　　　　　　（屋根の形をしている）　（スパイク状の線）

図 3.14　エッジの典型例（濃淡画像の断面を示す）

エッジ検出方法としては，すでに3.2.8項のエッジ強調のところで述べた微分処理（実際には差分処理で近似）と同じ考え方を用いる．ただし，3.2.8項では，入力画像のぼけを修復することが目的であったが，ここでは画像から情報を取り出したり，画像を見分けたりするために積極的に特徴抽出を行う．図3.15と図3.16に，エッジ検出のための線形フィルタをいくつか示す．図3.15(a)は，x軸方向の1次微分，すなわち縦のエッジ検出用であり，図3.15(b)は，y軸方向の1次微分，すなわち横のエッジ検出のためのフィルタである．これらは**プリューウィット（Prewitt）**のオ

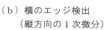 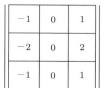 

（a）縦のエッジ検出　　（b）横のエッジ検出　　（c）ソーベルのオペレータを組み合わせた例
　（横方向の1次微分）　　（縦方向の1次微分）　　　（両者の空間フィルタリング結果の絶対値を加算）

図 3.15　1次微分に基づくエッジ検出フィルタの例

（a）4方向ラプラシアン　　（b）8方向ラプラシアン
　　フィルタ　　　　　　　　　　フィルタ

図 3.16　2次微分に基づくエッジ検出フィルタの例

ペレータとよばれており，平滑化の効果も併せもっている．これらに類似してはいるが，上下左右4近傍の画素の濃度値をより重視した（重みを増やした）ものはソーベル (Sobel) のオペレータとよばれている．図 3.15（c）は，二つのソーベルオペレータを組み合わせた例を示している．すなわち，縦と横のエッジ検出（線形フィルタリング）の結果に対して，それぞれの絶対値を計算し両者を加算するというフィルタリング処理を表しており，エッジの方向性を仮定しなくてよいため実用的である．

また，図 3.16（a）は，「4方向ラプラシアン」，図 3.16（b）は，「8方向ラプラシアン」とよばれるフィルタである（3.2.8項で紹介したものと同じ）．**ラプラシアン**は，2次微分処理であり，ルーフエッジやスパイク状の線の検出に対して有効である．

上記の方法は，濃淡画像に対しての処理であり，その結果も濃淡画像となる．ただし，空間フィルタリング処理の結果，注目画素の濃度値が上限値を超えたり，非負の整数にならなかったりすることもあるので注意されたい．場合によっては，何らかの方法で適宜，所定範囲の非負の整数に変換（修正）するなど追加処理を行う必要がある．エッジ検出の結果である濃淡画像に対しては，後段の計測・解析などの処理に都合がよいように，出力画像に対して次項で説明する2値化処理を施すことが多い．ここでのエッジ検出はあくまで前処理であり，上記の方法によりエッジらしいところをそれなりに検出することができるが，うまくエッジが検出できたかどうか（一連の処理が有効かどうか）は，後段の処理結果によることに注意されたい．実際には，分割

したい領域間の濃度変化がそれほど急激でない場合に検出エッジが途切れたり，ノイズの影響により領域の境界でないところにエッジが検出されたりする．

エッジ検出は奥が深い処理であり，線が途切れないように領域のまわりに沿ってエッジをたどったり，曲線の当てはめを行ったりするなど種々の方法が考案されているが，それだけ処理が複雑になる．

3.3.2　2値化

濃淡画像から，濃度値として0か1しかもたない2値画像に変換する処理を **2値化**（正確には **2値画像化**）とよぶ．2値化の単純な方法は，次のようなパラメータ T の値（**しきい値**とよばれる）との比較処理（**しきい値処理**）である．

$$f_T(i,j) = \begin{cases} 1 & (f(i,j) \geq T \text{のとき}) \\ 0 & (f(i,j) < T \text{のとき}) \end{cases}$$

ここで，$f(i,j)$ は一般的な濃淡画像としてよいが，3.2節で述べた画像補正・画質改善・画像強調，あるいは3.3.1項のエッジ検出が施された後の画像であることが多い．上記の変形として，しきい値を二つ用意し $f(i,j)$ が二つのしきい値の間にあるときを1，それ以外は0とするといった2値化も可能である．

上記の処理を一般化すると，次のようになる．すなわち，各画素が取り得るすべての濃度値の中で処理対象にしたい濃度値の集合を S としたとき，

$$f_S(i,j) = \begin{cases} 1 & (f(i,j) \in S \text{のとき}) \\ 0 & (f(i,j) \notin S \text{のとき}) \end{cases}$$

どちらの濃度値集合を1にするかはコンピュータ処理上の問題であって，情報としては0と1が逆になっても同じである．また，変形として0には変換するが1には変換せずそのままの値にしておく**半しきい値処理**もある．

2値化の意味は，背景ではない（背景とは区別したい）種々の対象物を抽出し，切り出すということである．最もわかりやすい例は，文字画像や地図・図面画像などにおいて背景より文字部分や図形部分を切り出す処理である．このような画像はもともと2値情報の画像であるので，2値化のしきい値を適切に選ぶことにより，比較的容易に文字や図形を切り出すことが可能である．2値化のポイントはしきい値の選択方法であり，**図3.17**にしきい値が結果におよぼす例を示す．実際には，以下に紹介するいくつかのしきい値を自動決定する方法を併用しながら，経験的，試行錯誤的にしき

（a）ちょうどよいしきい値　（b）高すぎるしきい値　　（c）低すぎるしきい値
　　　　　　　　　　　　　　　　（かすれる）　　　　　　　　（にじむ）

図 3.17　2 値化の際のしきい値選択の例

い値を選ぶ．

方法 1：P−タイル法

　2 値画像の望むべき性質が既知の場合，その性質を満たすように T の値を少しずつ変えて決定すればよい．たとえば，背景（通常は 0 画素）の割合が P として決定できる場合，ちょうどそうなる T の値でしきい値処理すればよい．この方法は「P−タイル法」とよばれるよく知られた方法であるが，実際には事前に対象物の面積がわかっていないと使えないなど適用範囲は限られる．P−タイル法が有効な例として，印刷文字画像において文字領域が 1 ページに占める割合が既知の場合などが挙げられる．

方法 2：モード法

　しきい値選択のために画像の濃度ヒストグラムを利用する方法の代表が「モード法」である．この方法は対象とする画像の濃度ヒストグラムに対して，「対象物」と「背景」のそれぞれに対応する二つのピークが存在することを前提としている（図 3.18 参照）．このような場合に濃度ヒストグラムは「双峰的である」という．モード法においては，

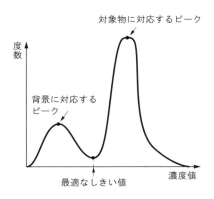

図 3.18　二つのピークをもつ（双峰的な）濃度ヒストグラムの例

対象物を背景から分離するという発想で二つのピークの間に存在するはずの谷に注目し，この谷の底の値をしきい値として選ぶ．

実際には，濃度ヒストグラムが双峰的であると判断したり，二つのピークと谷の位置を自動的に求めることが，ノイズの影響により必ずしも容易ではない場合があり，対象画像に応じての細かな工夫が必要である．

方法 3：大津の方法

2値化のしきい値を決定する問題を2クラス分離問題の枠組みでとらえた，簡単で汎用性をもった自動しきい値選定法が「大津の方法」（文献[2]）である．この方法は，分離で得られるクラスどうしの濃度レベルでの分離度を最大にする手法であり，そのため濃度ヒストグラムの0次と1次の累積モーメントのみをしきい値決定の計算に用いる．この方法はまた，もとの濃淡画像の最小2乗近似を求めるという考え方からも導かれる方法となっている．

まず，諸定義と準備を行う．与えられた画像はLレベルの濃度スケールで表現されているとし，濃度レベルの集合をSと表す．

$$S = \{0, 1, \cdots, i, \cdots, L-1\}$$

次に，レベルiの画素数をn_i，全画素数を$N = n_0 + n_1 + \cdots + n_{L-1}$とし，正規化ヒストグラムを次式で定義する．

$$p_i = \frac{n_i}{N} \quad \left(i \in S,\ p_i \geqq 0,\ \sum_{i=0}^{L-1} p_i = 1 \right)$$

上式は濃度の確率分布とみなすことができる．

さらに，画像の全平均濃度レベルμ_Tと全分散σ_T^2を以下のように表現する．

$$\mu_T = \sum_{i=0}^{L-1} (i \cdot p_i)$$

$$\sigma_T^2 = \sum_{i=0}^{L-1} \{(i - \mu_T)^2 \cdot p_i\}$$

そして，レベルkをしきい値として，$S_0 = \{0, \cdots, k\}$，$S_1 = \{k+1, \cdots, L-1\}$に属する画素をそれぞれ2クラス$C_0$，$C_1$（$C_0$：背景，$C_1$：対象，またはその逆である場合もあり得る）に分類することを考える．このとき，次の二つの累積量（kレベルまでの濃度分布の0, 1次モーメント）を，

$$\omega(k) = \sum_{i=0}^{k} p_i, \quad \mu(k) = \sum_{i=0}^{k} i \cdot p_i$$

と表現すると（$\omega(L-1)$ は 1，$\mu(L-1)$ は μ_T であることは自明である）．各クラスの生起確率は，

$$\omega_0 = \sum_{i \in S_0} p_i = \omega(k), \quad \omega_1 = \sum_{i \in S_1} p_i = 1 - \omega(k)$$

で計算される．また，各クラスの平均レベルは次の式で表される．

$$\mu_0 = \sum_{i \in S_0} \left(i \cdot \frac{p_i}{\omega_0} \right) = \frac{\mu(k)}{\omega(k)}, \quad \mu_1 = \sum_{i \in S_1} \left(i \cdot \frac{p_i}{\omega_1} \right) = \frac{\mu_T - \mu(k)}{1 - \omega(k)}$$

さらに，各クラスの分散は，

$$\sigma_0{}^2 = \sum_{i \in S_0} \left\{ (i - \mu_0)^2 \cdot \frac{p_i}{\omega_0} \right\}, \quad \sigma_1{}^2 = \sum_{i \in S_1} \left\{ (i - \mu_1)^2 \cdot \frac{p_i}{\omega_1} \right\}$$

で与えられる（2次の統計量（モーメント）まで必要）．このとき，k によらず，常に次式が成立することが確認できる．

$$\omega_0 \mu_0 + \omega_1 \mu_1 = \mu_T, \quad \omega_0 + \omega_1 = 1$$

以上の定義と準備のもとに，判別分析で用いられる基準（クラスの分離度）を導入してしきい値を選定する．すなわち，次式で表されるクラス間分散 $\sigma_B{}^2$ とクラス内分散 $\sigma_W{}^2$ の比を最大とする k を最適しきい値とする．このとき，

$$\begin{aligned}
\sigma_B{}^2 &= \omega_0(\mu_0 - \mu_T)^2 + \omega_1(\mu_1 - \mu_T)^2 \\
&= \omega_0 \cdot \omega_1 (\mu_0 - \mu_1)^2 \\
&= \frac{\{\mu_T \cdot \omega(k) - \mu(k)\}^2}{\omega(k)\{1 - \omega(k)\}} \\
\sigma_W{}^2 &= \omega_0 \sigma_0{}^2 + \omega_1 \sigma_1{}^2 \\
\sigma_W{}^2 &+ \sigma_B{}^2 = \sigma_T{}^2
\end{aligned}$$

で $\sigma_T{}^2$ が一定であることから，結局，最適しきい値はクラス間分散 $\sigma_B{}^2$ を最大とする k となる．手続きは簡単で，$\omega(k)$ と $\mu(k)$ の累積式を用いて，逐次 k を進めて求めればよい．

上記では画像全体を一つの固定しきい値で処理することを想定したが，照明が一様でなく背景と対象物との濃度差が場所によって異なる場合など，しきい値を可変にした方（**可変しきい値処理**）がよいこともある．このような場合は，しばしば，画像をいくつかの部分領域に分割した後，各領域ごとに上記の方法を適用し最適なしきい値を選択する（**局所的しきい値選択**）という手法が取られる．

3.3.3 論理フィルタリング／膨張と収縮演算

前項の2値化により得られる2値画像においては，通常，濃度値1の点の集合として表現されている対象物（以下では単に「図形」とよぶ）の「切断」や「くっつき」，「穴あき（ピンホール）」，輪郭部の「へこみ」や「出っぱり」，あるいは背景の「ごみ（孤立小領域）」などといったノイズが存在する（**図3.19**参照）．これらの2値画像特有のノイズ除去には，「膨張」（あるいは「伝播」）と「収縮」（あるいは「縮退」）」とよばれる**論理フィルタリング**をベースとした手法が有効である．最初に，ここでの手法のベースとなる論理フィルタリングについて説明する．

■ 論理フィルタリング処理について

論理フィルタは，$(2m+1) \times (2n+1)$の大きさの0か1の重みをもった2値（論理）

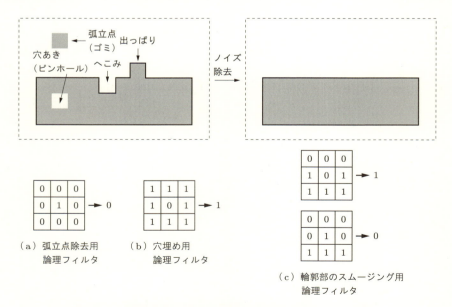

図3.19 2値画像におけるノイズの例とノイズ除去用論理フィルタの例

パターン（マスクなどとよばれることもある）として定義される．実際には，**3.2.7** 項の線形フィルタと同様に**図 3.20** のような 3×3 の大きさで用いられることが多い．線形フィルタとの違いは，2値画像を処理対象とし，その結果も2値画像となることである．すなわち，論理フィルタを $L_{p,q}$ で表し，2値画像 $f_a(i,j)$ に対して論理フィルタリングを行った結果の2値画像を $f_r(i,j)$ とすると，ここでの演算は次のような論理式で表される．

$$f_r(i,j) = \begin{cases} 指定値： \bigwedge_{q=-n}^{n}\bigwedge_{p=-m}^{m}\{L_{p,q}(\mathrm{XNOR})f_a(i+p,j+q)\}=1 \text{ のとき} \\ 指定値の否定値：上記以外のとき \end{cases}$$

ここで，$\wedge\wedge\{x_{p,q}\}$ はすべての $x_{p,q}$ の論理積演算を行うことを意味する．また，XNOR は排他的論理和の否定（一致論理）を表す．

　この演算の意味は，「$L_{p,q}$ の2値パターンが表す論理条件を満たした（2値パターンどうしが完全にマッチした）場合に中心画素の値を指定値（あらかじめ0にするか1にするかを設定しておく），満たさない場合に指定値の否定値（たとえば，指定値が1ならばその逆の0）とする」である．実際には，3×3 の論理フィルタを複数個用意し

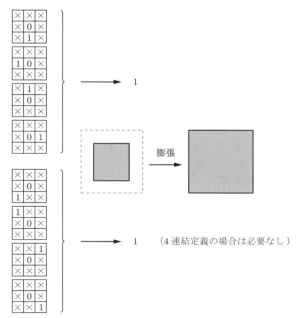

図 **3.20**　膨張用論理フィルタ（8連結）

同時に（並列処理的に）演算を実行させることが多い．このような実際的な論理フィルタリングの実現手法については，4.2 節で解説する．

3×3 の論理フィルタリングを用いれば，1 画素の孤立点除去・ピンホールの穴埋めや簡単な図形輪郭部のスムージングを行うことができる．この様子を図 3.19 に合わせて示す．しかし，一般的には 2 値画像に対するノイズ除去は，上記の論理フィルタリング処理をベースとした**膨張**と**収縮**とよばれる二つの演算を組み合わせるのがよい．まず，「膨張」について説明する．図形を背景に向かって一定幅広げることを「膨張させる」とよび，図 3.20 の論理フィルタリングを繰り返し実行させることにより実現できる．わかりやすくいうと，図形の輪郭に隣接している背景点（濃度値 0 の点）を図形点（濃度値 1 の点）に置き換える演算を行っていることになる．図 3.20 の例では，論理フィルタリングを 1 回実行すると周辺に 1 画素分膨張する．方向別に一度に 1 画素ずつ膨張させたい場合は，図 3.20 の論理フィルタを一つずつ用いてサイクル的に論理フィルタリング処理を実行させるとよい．

一方，「収縮」は「膨張」の逆で図形を内部に一定幅縮める（細める）ことを指し，図 3.21 の論理フィルタリングの繰り返しで実現可能である．この場合は，図形の輪郭点を背景点に変換することを意味する．ここで注意すべきは，「膨張」と「収縮」は

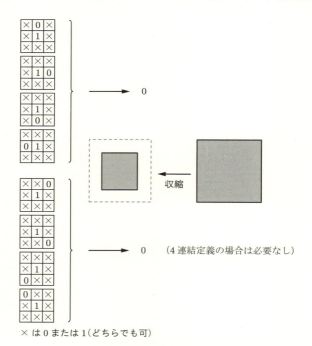

図 **3.21** 収縮用論理フィルタ（8 連結）

図形と背景の見方を変えただけで，図形を収縮させることは背景を膨張させることにほかならない点である．

上記で述べた「膨張」と「収縮」を組み合わせることにより，2値画像のノイズ除去が簡単に行える．基本的な考えとして，「膨張」と「収縮」の演算は順番に依存し（可換でない），その際もとの連結関係（位相関係）の一部を保存しない性質を利用する．

「くっつき」，「ヒゲ」，「ごみ」などのノイズ除去方法

Step 1 2値画像に収縮用論理フィルタリングを N 回施す．
Step 2 Step 1 の結果に膨張用論理フィルタリングを N 回実行する．

この処理の例を**図 3.22** に示す．処理のポイントは，Step 1 により小領域（$2N$ 画素の幅領域）の図形点が完全に削除され，Step 2 でもはや再現されないことである．

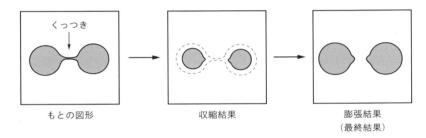

図 3.22 「くっつき」などのノイズ除去処理の理想例

「切断」，「切れ込み」，「穴あき」などのノイズ除去方法

Step 1 2値画像に膨張用論理フィルタリングを N 回施す．
Step 2 Step 1 の結果に収縮論理フィルタリング演算を N 回実行する．

この処理の例を**図 3.23** に示す．処理のポイントは，Step 1 により小領域（$2N$ 画素

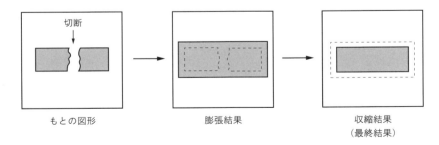

図 3.23 「切断」などのノイズ除去処理の理想例

の幅領域）の背景点が完全に図形領域として埋められてしまい，Step 2 でもはや再現されないことである．

上記の二つの方法の違いは，収縮演算と膨張演算の順序であることに注意してほしい．すなわち，図形における「くっつき」，「ヒゲ」，「ごみ」は，背景領域にとっては，「切断」，「切れ込み」，「穴あき」に相当する．

3.3.4　ラベリング（連結領域抽出）

2 値画像において，ディジタル幾何的に（第 2 章を参照）連結している個々の図形を**連結図形**とよぶことにする．画像内に複数の連結図形が存在するとして，それらの幾何学（形状）的特徴をコンピュータで個々に解析したいときに，前処理としてしばしば採用されるのが**ラベリング**とよばれる処理である．そして，2 値画像に対するラベリング処理の結果の画像は**ラベル画像**とよばれる．この処理は，文字どおり連結図形ごとに異なったラベルを割り当てるものであり，ラベルとしては，通常，数え上げのために番号が使用される（図 3.24 参照）．

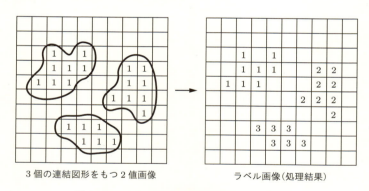

3 個の連結図形をもつ 2 値画像　　　　ラベル画像（処理結果）

図 3.24　ラベリング処理の例（背景はすべて "0"）

次に，ラベリング処理（番号付け）を行うための簡単な方法を示す．

◼︎ ラベリング処理

ラベリング処理の前提として，ディジタル図形における連結性（2.2.4 項参照）を定義しておく必要がある．多くの場合，「8 連結」が採用されている．また，**ラベル付け**の方法もあらかじめ決めておかなければならないが，ここでは**ラベル画像**（初期値はすべて 0 とする）を別に用意し，1 から順番に数え上げていくものとする．

Step 1 原画像（2値画像）に対してラスタ走査の順でまだ処理していない図形点（濃度値が1の画素）を見つける．見つかったらその点を注目点とし，Step 2へ．ラスタ走査が完了した場合は，Step 3へ．

Step 2 「ラベル画像」に対して注目点の近傍（「8連結」の場合は8近傍，「4連結」の場合は4近傍）において，すでに「ラベル付け」された画素があるかどうかを調べる．その結果により次の処理を行った後，Step 1へ．

(2-a) 見つからない場合
新しいラベル（ラベル番号の数を1増やす）を注目点のラベルとし，「ラベル画像」に書き込む．

(2-b) 1個のみ見つかった場合
見つかったラベルを注目点のラベルとし，「ラベル画像」に書き込む．

(2-c) 2個以上見つかった場合
もっとも古い（番号が小さい）ラベルを注目点のラベルとし，「ラベル画像」に書き込む．最も古いラベル以外のラベルについては，最後に整理する必要があるのでいったん，記憶する．たとえば，テーブルを用意し，どのラベルどうしが同一とみなせるかを書き込んでおく．

Step 3 最後にまとめて，「ラベル画像」に対して再ラベリング処理を行う．すなわち，Step 2の（2-c）で，同一となったラベルどうしを整理してその代表ラベル（最も小さいラベル番号）に置き換える．

上記の方法で得られるラベル番号の最大値が，画像内に存在する連結図形の数となる．ここで紹介した方法は，パソコン上などでソフトウェア処理として実現する場合にはあまり問題にならないが，専用ハードウェアにより実現する場合は原画（2値画像）のほかに余分に「ラベル画像」用の画像メモリが必要である．その際のポイントは，最大ラベル数（最大連結図形数）をあらかじめ予測し，それに対応した画像メモリのビット幅を用意しなければならないことである．たとえば，8ビット用意したとすると1から255までの255個のラベルまでしか対応できない（それを超えるとラベル数オーバフローとなる）ので注意が必要である．

3.3.5 連結図形解析（形状的特徴抽出）

連結図形の定量的な特徴として，次のものが挙げられる．これらの特徴量は，図形の形状解析やその解析結果に基づき図形を見分ける（照合・判別・分類する）ために，しばしば利用される．この意味で，これらの特徴量を計算することを**特徴抽出**とよぶ

ことがある．なお，ここで上げた特徴量は一例であって，対象となる図形の性質に応じてこのほかにも種々のものが考えられる．

- 面積：連結図形を構成する画素数で代用する．
- 周囲長：連結図形の輪郭（背景との境界）を構成する画素数で代用する．厳密には，斜め方向には $\sqrt{2}$ を乗じるべきであるが，実用上は単なる画素総数を便宜的に周囲長として取り扱っている．ただし，穴あき図形の場合は，外側の輪郭線（必ず1個）と内側の輪郭線（穴が複数個存在する場合は，それに対応して複数ある）を別々に計算する（3.3.7 項参照）．
- 外接長方形／フェレ長（フェレ径ともいう）：連結図形を水平線と垂直線で囲んだときの最小長方形を通常，「外接長方形」とよんでいる（図 3.25）．外接長方形の水平辺の長さは「水平フェレ長（あるいは水平フェレ径）」，垂直辺の長さは「垂直フェレ長（あるいは垂直フェレ径）」ともよばれている．

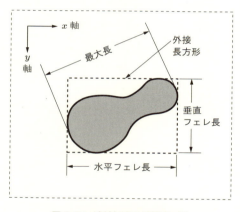

図 3.25　連結図形の特徴量の例

- 最大長（「最大径」ともいう）：図形の外側輪郭線上に任意の2点を，その間の距離が最も長くなるように選んだときの最大距離値をいう（図 3.25）．
- 複雑度：図形の形状的複雑さを反映する尺度の一つとして用いられている．「複雑度」は $(周囲長)^2/(4\pi \times 面積)$ により定義される特徴量で，図形が円形のときに最小値1をもち，図形の輪郭形状が入り込んでくるほど大きくなる．この逆数は，図形が円形のときに最大値1をもち，細長くなるほど0に近くなってくるので「円形度」とよばれている．
- モーメント：連結図形 S の各画素の重みを均等に1とした場合，「モーメント」は次の式により定義される．このモーメント量により，図形がある軸からどのように分布しているかを定量的に表すことができる．

$$M(m,n) = \sum_{(i,j) \in S} (i^m \times j^n)$$

$M(0,0)$ は，図形 S の面積

$M(1,0)$ は，x 軸に対するモーメント

$M(0,1)$ は，y 軸に対するモーメント

上記では，図形の各画素の重みを均等に 1 としたが，濃淡図形の場合は濃度値（2 値化する前のもとの濃淡画像において，位置が対応する画素の濃度値を取ればよい）を重みとすることにより，濃淡がある軸よりどのように分布しているかを定量的に表すことができる．

・重心：上記のモーメント量を用いて重心座標 (p, q) は，次の式で計算できる．ここでの重心は，いわゆる位置的中心である．

$$p = \frac{M(1,0)}{M(0,0)}, \quad q = \frac{M(0,1)}{M(0,0)}$$

3.3.6 細線化

図形の中でもベタ塗り部（**塊状領域**とよばれることもある）をもたず，線分のみから構成されるもの（以下では，単に**線図形**とよぶ）を解析対象とする際には，線幅情報を取り扱う必要がない場合が多く，個々の線分の方向や形状，連結関係のみを問題にすればよい．しかし，実際には設計図面や地図などに含まれる線図形は，適当な画素分解能によりディジタル化されているので数画素分の線幅をもっている．そこで，コンピュータで扱いやすいように芯線と思われる線だけを連結関係を保ったまま抽出する処理（線幅が 1 画素の線に変換するので「細線化」とよばれる）を前処理として施すことが，しばしばある（**図 3.26** 参照）．細線化処理では，芯線上の画素以外の線図形上の画素はすべて画素値 0 に変換される．細線化することにより線分追跡が容易になり，線分の形状や連結関係が解析可能となる（次項で詳しく説明する）．

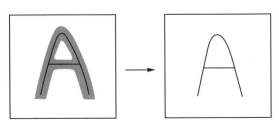

図 3.26 細線化処理の考え方

細線化の方法としてはいくつか提案されているが，ここでは論理フィルタリングを用いた実現が単純なものを紹介する．

論理フィルタリングによる細線化

まず，ディジタル線図形の連結性の定義を事前に行う必要がある．連結性の考え方は 2.2.4 項で説明したディジタル図形の場合と全く同じである．すなわち，「8 連結」か「4 連結」のどちらかを選択する．以下では，通常採用されている「8 連結」の場合で説明する．ここでの方法の基本的な考え方は，3×3 の論理フィルタリング処理により，注目画素が線図形の輪郭画素かどうかを判断し，そうであるならば「ある条件のもと」に濃度値を 1 から 0 に変換することである．すなわち，線図形の輪郭側から 1 画素ずつ削っていくことになるが，3.3.3 項で説明した収縮演算との違いは，「もとの図形の連結関係を保存する」ことが条件となっている点である．ここでは，**田村の方法**（文献[1]）の考え方に従って，**輪郭画素条件**を満たし，**保存画素条件**を満たさない画素のみ削るという論理フィルタ設計を行った例を図 3.27 に示す．この例では，論理フィルタを「セット 1」と「セット 2」に分けて用意している．セット 1 は上と右方向から 1 画素ずつ削っていくための論理フィルタであり，セット 2 は下と左方向から 1 画素ずつ削っていくための論理フィルタである．二つのセットに分ける理由は，論理フィルタリングは並列演算であるので，図 3.28 のような線幅 2 の図形が一度に消失してしまわないようにするためである．ただし，この例の論理フィルタでは，孤立点は消失してしまう．2 セットの論理フィルタを用いての処理は次のようになる．

Step 1 「セット 1」を使って論理フィルタリング処理を行う．濃度値が変化する画素が一つも存在しなければ処理終了．そうでなければ，Step 2 へ移る．

Step 2 「セット 2」を使って論理フィルタリング処理を行う．濃度値が変化する画素が一つも存在しなければ処理終了．そうでなければ，Step 1 へ戻る．

細線化処理において注意することは，アルゴリズムによって多少の違いはあるにしても，完璧に芯線を抽出することは困難で，以下のような現象がどうしても起きてしまうことである．
・境界部の凹凸の影響により細線化の結果も多少でこぼこしたり，最悪の場合は余分な短い線分（「ヒゲ」）が発生してしまう．
・線分の端点部分がいくらか縮む．
・図形の交差部において，ある程度の歪みが生じる．
しかし，論理フィルタの設計の仕方によってある程度不具合を抑えることは可能で

3.3 情報を取り出す——特徴抽出・計測・解析—— 69

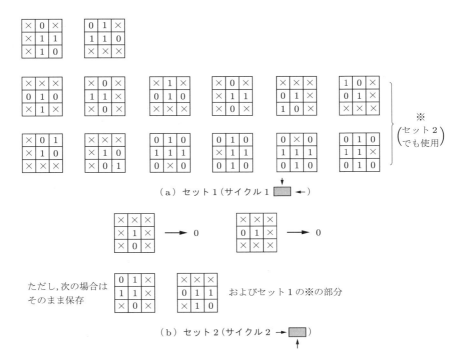

図 3.27 細線化用論理フィルタの設計例（×は 0 でも 1 でも可）

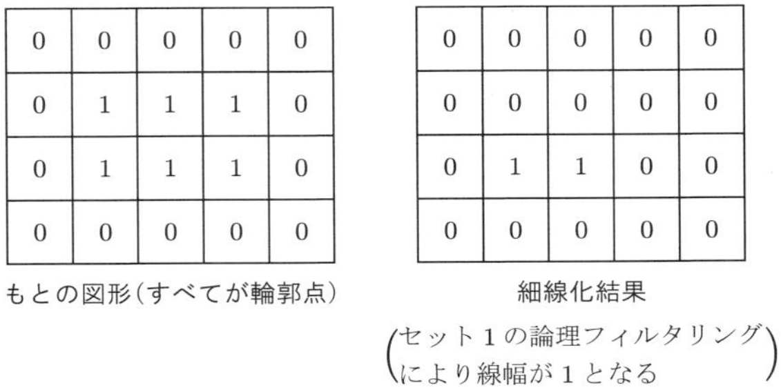

図 3.28 線幅が 2 の図形に対する細線化例

あると思われる．細線化用の論理フィルタはここで示したものに限らないので，実際の処理対象に応じて工夫されたい．

3.3.7 境界（輪郭）追跡と線分追跡

ここでは，指定された開始画素から1画素ずつ画素をたどりながら線を追跡していく処理（画素追跡）について説明する．画素追跡処理の代表は，図形の輪郭線の追跡（「境界追跡」）と細線化された線図形の追跡（「線分追跡」）である．このような追跡処理（**線情報抽出**）は，図形の形状解析や構造解析のための前処理として必要となる．**画素追跡**は，いいかえれば目的とする画素を現在の画素（注目画素）の近傍から選択していく処理であり，処理の順序に依存したものとなっている（このような処理は**逐次処理**とよばれている）．逐次処理では，すでに選ばれた画素を繰り返し追跡しないようにするなどの注意が必要となる．境界追跡と線分追跡の両追跡方法の基本的な考え方は同じであり，まず両者に共通な基本形を述べる．

線追跡の基本形

簡単のため，1個の連結図形を考える．画像内の複数の連結図形を処理したい場合には，以下の基本形を繰り返せばよい．追跡を行う際には，事前に8連結か4連結かの連結性の定義を行っておく必要がある．通常は8連結であるので以下の説明でも8連結とする．

Step 1 ラスタ走査を行って，最初に見つかる画素値1の点（画面の最も左上の点）を追跡開始点とする．もし，見つからなければ追跡終了．

Step 2 開始点を「注目点」として，その8近傍（4連結定義の場合は4近傍）を調べ，「次の追跡点」を決定する．

Step 3 前ステップで決定された「次の追跡点」を，今度は「注目点」としてStep 2と同様な処理を繰り返して，次々と点を追跡していく．このとき考慮すべき事項を以下に示す．

・孤立点は無視する．あるいは，あらかじめ除去しておく．

・追跡した点には，「追跡済みマーク」（たとえば，濃度値を0と1以外の値に変更する）をつける．このマークを調べることにより，逐次的に線を追跡していく際に重複追跡を防止できる．

・あらかじめ追跡終了の条件（たとえば，開始点に戻ったら終了とするなど）を設定しておく．

閉図形の輪郭線には，外側輪郭と内側輪郭がある（**図 3.29** 参照）．ここでは，外側輪郭線は時計回り（右回り）に，内側輪郭線は半時計回り（左回り）に追跡するものとし，それらの追跡方法を上記の基本形をベースに説明する（**図 3.30** 参照）．

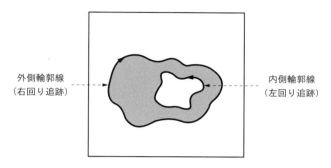

図 3.29 外側輪郭線と内側輪郭線の例

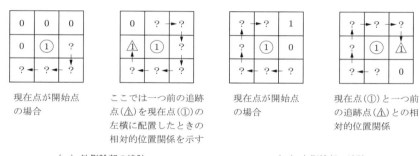

（a）外側輪郭の追跡　　　　　　　　　（b）内側輪郭の追跡

図 3.30 境界追跡における次の追跡点の探索順序

境界追跡の方法
（1） 外側輪郭線の場合
- 追跡開始点の選択：

  ラスタ走査の順番で最初に見つかる 0-画素（濃度値が 0 の画素）から 1-画素に変化する時点における 1-画素を開始点とする．複数の閉図形の輪郭を順に求める場合は，追跡済みでない（「追跡済みマーク」が付与されていない）ことが条件に加わる．

- 次の追跡画素の選択：

  注目点が追跡開始点の場合と，そうでない場合とで次のような別々の処理を行う．
  - 注目点が追跡開始点の場合

追跡開始点の 8 近傍を，右隣りの画素から時計回りに探索し，最初に見つかる 1 – 画素を次の追跡点とする（ラスタ走査をしているのですでに走査済みの 4 点の画素値が 0 であることは明らか）．
・注目点が追跡開始点ではない場合
現在の画素を中心に置いたときの 8 近傍を，その 1 ステップ前に追跡された 1 – 画素から時計回りに探索し，最初に見つかる未追跡の 1 – 画素を次の追跡点とする．

■追跡終了の条件：
次の追跡点が開始点になったとき，終了．

（2） 内側輪郭線の場合
■追跡開始点の選択：
ラスタ走査の順番で最初に見つかる 1 – 画素から 0 – 画素に変化する時点における 1 – 画素を追跡開始点とする．ただし，あらかじめ外側輪郭線は追跡済みであるとし，その点が追跡済みでない（「追跡済みマーク」が付与されていない）ことが条件である．

■次の追跡画素の選択：
外側輪郭線の場合と同様に注目点が追跡開始点の場合とそうでない場合とで次のような別々の処理を行う．
・注目点が追跡開始点の場合
追跡開始点を中心に置いたときの 8 近傍を，右下隣りの画素から時計回りに探索し，最初に見つかる 1 – 画素を次の追跡点とする．
・注目点が追跡開始点ではない場合
注目点を中心に置いたときの 8 近傍を，その 1 ステップ前に追跡した 1 – 画素から時計回りに探索し，最初に見つかる 1 – 画素を次の追跡点とする．

■追跡終了の条件：
次の追跡点が開始点になったとき，終了．

なお，以下のことを補足しておく．
・外側輪郭と内側輪郭をもつ図形において，その一部に線幅 1 の部分が含まれている場合には，その部分は外側輪郭にもなり内側輪郭ともなる．極端な場合，完全な線幅 1 の閉図形では，両者は方向が異なるだけで全く同じとなる．
・外側および内側輪郭線を抽出しておけば，もとの図形はその間を塗りつぶす（囲まれる画素の値を 1 とする）ことにより復元できる．輪郭線情報のみを記憶させておいた方がデータ容量が少なくて済む場合が多く，データ圧縮に利用可能である．

次に線分追跡の方法について述べる．ここでは，細線化処理が施された後の完全な線幅1の線図形を処理対象とし，線図形を構成する点（画素）を構造的に**図 3.31** のように分類する．図に示す「端点」，「分岐点」，「交差点」を総称して**特徴点**とよび，特徴点により区切られる線分を**線セグメント**とよぶ．これらの特徴点以外の線図形上の点は線分を形成する**連結点**となる．線図形に対して，特徴点を求め特徴点間の線分を追跡して線セグメントに分解（**線セグメント化**）していく一連の解析処理を**線図形の構造解析**という．

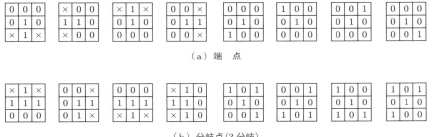

（a）端　点

（b）分岐点（3分岐）

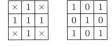

（c）交差点（4分岐）

補足：（1）3×3 近傍による定義は論理フィルタリングにおける「論理パターン」の定義にもなる．すなわち，これらの 3×3 パターンのとき，注目画素を"1"，それ以外を"0"とすることにより特徴点のみを抽出できる．
（2）特徴点の連結関係においては上下左右の 4 近傍が優先されていることに注意．

図 3.31　特徴点の定義（×は"0"でも"1"でも可だが，理想的な細線化処理後では"0"）

なお，孤立点は，通常あらかじめ除去しておく．また，特徴点はあらかじめ 3.3.3 項で説明した「論理フィルタリング」により抽出しておくことが可能である．「論理フィルタ」の一例を図 3.31 に合わせて示しておく．

線分追跡（線図形の構造解析）の方法

一般的には，一つの連結線図形は**図 3.32** のようなネットワーク構造（グラフ構造）をもつが，ネットワーク全体の追跡は開始点を「根」とする木の探索手法を用いて行うことができる．たとえば，図のようなトップダウンサーチ（横型探索）がしばしば採用される．この場合，「根」を出発点として「根」につながる線セグメントを順番にすべて探索していく．途中で分岐点に出合ったら（「根」が，分岐点の場合もあり得る），

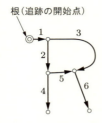
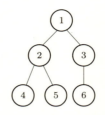

（a）線図形のネットワーク構造　　（b）線セグメントの木構造サーチ

図 3.32　線図形の構造解析の例

その分岐点につながる「連結点」は，いったん記憶しておく．そして，後で記憶した順序で取り出す（このような処理順序は「First In First Out」とよばれる），「線セグメント追跡」を行う．セグメント追跡は前述の線追跡の基本形を用いて次のように実行する．

線セグメント追跡の方法

・追跡開始点の選択：

　線セグメントの一方の端点となる特徴点は，上述の線セグメント探索においてすでに見つかっており，最初の連結点（特徴点ではないとする）の探索も完了しているので，この最初の連結点を注目点とする．

・次の追跡画素の選択：

　注目点を中心に置いたときの 8 近傍を，その 1 ステップ前に追跡した 1-画素から時計回りに 4 近傍を優先しながら探索し，最初に見つかる 1-画素を次の追跡点とする（図 3.33 参照）．4 近傍を優先する理由は，細線化処理の結果が図 3.33（c）のように階段状になっている場合でも抜けがなく，うまく追跡できるようにするためである．

（a）一つの前の追跡点が　　（b）一つ前の追跡点が　　（c）4 近傍優先の
　　4 近傍にある場合　　　　　斜め近傍にある場合　　　　追跡の例

注意：（1）現在点（①）と一つ前の追跡点（△）との相対的な位置関係を示している．
　　　（2）4 近傍優先の探索を行っている．

図 3.33　線セグメント追跡における次の追跡点の探索順序

・追跡終了の条件：
　次の追跡点が「特徴点」であるときに終了．

線セグメントのコンピュータ上での表現方法としては，連結点の座標値系列として表すのが一般的である．このほかにも**チェーンコード**とよばれている8方向指数の系列として符号化するやり方（3.5.1項参照：データ圧縮が行え，線図形操作が簡単になることがある）や「線分近似」の方法（3.5.2項参照：大局的な線セグメントの表現ができ，一般的にはデータ圧縮度も大きくなる）もある．

3.3.8　射影（プロジェクション）演算

「射影」とよばれる演算は，一定の明るさの背景の中にそれと異なる明るさの図形が存在するような濃淡画像を処理対象として，次のような目的でしばしば用いられる．
（1）　図形の存在位置または範囲を検出する．
（2）　図形の大局形状を表す一つの特徴情報として，図形判別に利用する．

　この演算は，射影という名前に示されるようにある方向に濃淡画像または2値画像の濃度値を累積するものである．この演算は非可逆であるので，定義の上からは射影方向は任意であるが，実際にはマトリクス状のディジタル画像を対象としているので，処理の簡単さから次のような水平方向や垂直方向のみの射影演算で済ませることが多い．

・射影演算の式
　濃淡画像を $f(i,j)$ とすると，

$$\text{垂直方向（}y\text{軸に沿って}x\text{軸へ）の射影 } P_x(i) = \sum_j f(i,j)$$

$$\text{水平方向（}x\text{軸に沿って}y\text{軸へ）の射影 } P_y(j) = \sum_i f(i,j) \quad \text{（図 3.34 参照）}$$

　上記の（1）に対しては，3.3.4項のラベリングと3.3.5項の連結図形解析を組み合わせて用いる方が汎用的であるが，射影の方が次の理由により実用的である．すなわち，必ずしもノイズ除去処理や2値化処理を施した後に実行する必要はなく（もとの濃淡画像にそのまま適用可能），濃度値の累積演算を行うことでノイズ成分を吸収できる．さらに，上記の（1）と（2）に対して1回の演算で済ませられることも多い．つまり，対象が単純な形状の図形の場合，図形の検出と大局的な形状特徴抽出が同時にできる．また，対象が2値画像の場合は，射影値を合計すると図形の面積（全画素数）となり，最大射影値は，図形の射影方向の最大幅に等しいといった特徴をもつ．

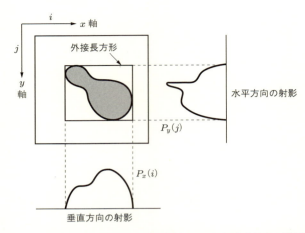

図 3.34 射影（プロジェクション）演算による図形の存在範囲の検出例

しかし，射影による図形検知は万能ではなく，図 3.35 のような場合はうまく機能しない．このように図形が混み入っている場合は，何らかの事前情報を用いて図のように射影の領域を限定して再度，演算を行うとうまく分離できることがある．

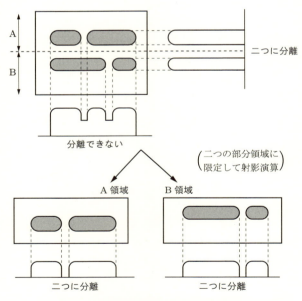

図 3.35 図形が混み入っている場合の射影演算の例

3.3.9 ハフ変換（直線抽出）

線図形の解析においては，直線的な線分（**直線セグメント**）を見つけることが重要な手がかりになることがある．3.3.7 項の線分追跡を行って直線セグメントを探すことも場合によっては可能であるが，線が途切れていたり，ノイズに埋もれているような場合はうまくいかない．

ノイズに対して比較的強いのは，3.3.8 項の射影演算を用いて探索する方法であり，図 3.36 に示すように射影分布における大きいピークを検出すればよい．しかし，直線の方向が任意で事前に知ることができない場合は，すべての方向に射影演算を実行しなければならないので効率が悪くなる．また，対象画像によっては，射影分布上に明確なピークが現れないこともある．

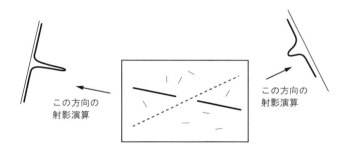

図 3.36　射影演算による直線成分抽出の例

数学的な計算理論をベースにした直線抽出方法として有名なのが，**ハフ変換**である．この手法は多数決原理に基づいており，点が線状に顕著に分布している場合に有効である．すなわち，直線が不連続にある程度ばらついていても比較的安定に分布が顕著な複数の直線を同時に求めることができる．以下に具体的な方法について説明する．

直線の式は，一般的に

$$y = a_0 x + b_0 \quad (a_0, b_0 は定数)$$

と表され，この直線上に任意の M 個の点 $\{(x_1, y_1), (x_2, y_2), \cdots, (x_M, y_M)\}$ を選んだとすれば，

$$y_i = a_0 x_i + b_0 \quad (i = 1, 2, \cdots, M)$$

が成り立つ．

ここで，上記の式を a_0, b_0 を変数とみなして (a, b) 平面を考えることにすると，

x–y 座標系のある 1 点 (x_i, y_i) が与えられたとき，それを通るすべての直線（傾きは問わない）は，

$$b = -x_i a + y_i$$

となる．これらの直線は (x_i, y_i) ごとに異なるが，上記のように (x_i, y_i) が，$y = a_0 x + b_0$ なる式の直線上の点であるとすればすべて (a_0, b_0) を通るはずである．

上記と同様なことを極座標系で考えると，x–y 座標系のある 1 点 (x_i, y_i) が与えられたとき，それを通るすべての直線群は，

$$\rho = x_i \cos\theta + y_i \sin\theta$$

という形で表すことができ，ρ，θ の値を ρ_0，θ_0 に固定すれば，(x, y) 平面上での 1 本の直線を特定したことになる．したがって，$\rho_0 = x\cos\theta_0 + y\sin\theta_0$ 上の任意の M 個の点，$\{(x_1, y_1), (x_2, y_2), \cdots, (x_M, y_M)\}$ に対応する (θ, ρ) 平面上の曲線は，**図 3.37** のようにすべて (θ_0, ρ_0) で交わる．無限の領域が必要な (a, b) 平面と異なり，(θ, ρ) 平面では θ は $-\pi$ から π までの有限の範囲を細かく分割すればよく，また ρ もある程度の大きさまで取ればよいので，ハフ変換による直線抽出は (θ, ρ) 平面上で実行されるのが普通である．すなわち，候補点 (x_i, y_i) の集合が与えられたとき，すべての曲線が最も多く交わる点 (θ_0, ρ_0) を見つければ，

$$\rho_0 = x\cos\theta_0 + y\sin\theta_0$$

として 1 本の直線が抽出できる．

この処理をプログラム上で実現するには，θ–ρ 平面を表す 2 次元配列のカウンタ

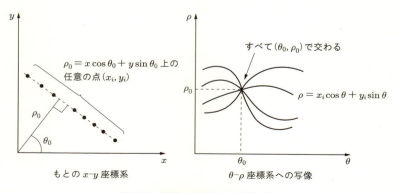

図 3.37 直線上の点のハフ変換の例

を用いて，もとの画像の各候補点に対する曲線を求め，その曲線上の要素をカウントアップしていくことで作成できる．この手法は直線が不連続で，ある程度のばらつきをもっていても比較的安定に適用できるが，ばらつきの範囲が大きいと，$\theta - \rho$ 空間を表す 2 次元配列を大きくする（平面分割を細かくする）など工夫が必要である．

3.3.10 変化検出（動画像処理）

まず，変化検出の原理（**動物体切り出しも同時**）を説明する．今，監視カメラによりある固定視野領域の映像をモニタリングしているとする．入力映像（ここでは，濃淡画像とする）に変化があったかどうかの最も単純な方法は，あらかじめ設定しておいた基準画像との差分による判定である．すなわち，変化のない（侵入物体のない）背景画像を基準画像 f_o（ここでは $f_o(i,j)$ を簡単のため f_o と表す）とし，現時点の入力画像を f_n とすると，

$$\text{基準画像との画像間差分の結果（2 値画像）} = \text{BIN}(|f_n - f_o|)$$

により動き変化のあった部分が黒画素となって検出される（**図 3.38** 参照）．ここで，

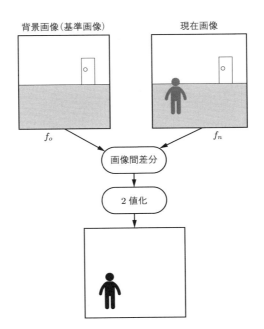

図 3.38 背景画像との画像間差分による変化検出の例

$|f_n - f_o|$ は二つの画像どうしの各画素値の差の絶対値計算，$\mathrm{BIN}(f)$ は濃淡画像 f の2値化処理を意味する．ここでは，2値化のしきい値は適当に選ばれたものとする．この方法は，照明変動などの外乱が小さい場合に有効である．照明変動を考慮した方法としては連続画像の画像間差分による判定があり，次のように表される．

$$\text{連続画像の画像間差分の結果（2値画像）} = \mathrm{BIN}(|f_n - f_{n-k}|)$$

ここで，f_{n-k} は連続する画像において k 個前の画像を意味する．この方法だと，移動物体が図 3.39 のように検出されるため，連続する 3 枚の画像から中間の画像の移動物体を次のようにして検出する方法の方がしばしば用いられる．

$$\text{画像間差分の論理積の結果（2値画像）} = D_{n+k,n} \otimes D_{n,n-k}$$

ここで，$\otimes$ は 2 値画像間の各画素値ごとの論理積演算，$D_{p,q}$ は $\mathrm{BIN}(|f_p - f_q|)$ を意味する．画像間隔 k は，移動物体の速度と大きさの関係から物体が重ならない程度の細かさに設定する．連続画像間の差分による方法は，物体が横方向（カメラ光軸に対して垂直方向）に移動する場合に有効である．

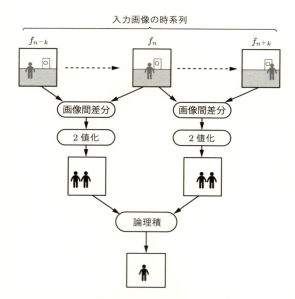

図 3.39 連続画像の画像間差分による変化検出の例

上記の方法は併用されたり，基準画像を固定にするのではなく逐次的に再設定し直された基準画像（動的基準画像）による画像間差分が採用されたりする．また，入力

画像に対してあらかじめ微分処理を施した微分画像をもとに，上記のような検知処理を行う方法が有効な場合もあり得る（それにより物体の反射や影などの環境変動にある程度対処可能となるため）．

　上記により，画像内の動き変化のあった部分が1-画素として検出されるが，人物を対象とする場合には，動いているものが人物であるかどうかの判別が必要である．動物体が人物かどうかの判別には大きく分けて二つの方法がある．
（1）　検出部の外接長方形，面積，形状などの特徴を用いて判別する．
（2）　動物体を連続画像上で追跡し（変化部分の対応づけ），その動きから判別する．
　　　たとえば，偶然，木の揺れなどの動き，変化が人間の形に近く見えるなど1回の検出結果からの判定では信頼性に欠ける環境下においては，連続した動き情報を用いることにより検出性能を高めることができる．両者の違いは処理負荷であり，当然（2）の方が大きい．また，（2）の方法を取る場合には（1）を併用するのが普通である．

3.3.11　距離（奥行き）計測（ステレオ画像処理）

　産業分野において検査の対象となる部品や製品，あるいは産業用ロボットがハンドリングする部品などは，そのほとんどが3次元の物体である．このため，検査装置やロボットでは，3次元形状情報を得るための画像計測技術が応用されている．ここでは，3次元位置計測（距離計測）を目的とした画像処理技術について述べる．

　画像処理による3次元位置計測の方法としては，三角測量の原理に基づき2台のカメラ（「両眼」と称する）を用いる**ステレオ法**（あるいは，**両眼立体視法**）がよく知られている．

三角測量の原理

　三角測量では，1辺とその両端の角度が決まると三角形が一義的に定まることを利用している．画像計測では，観測点から目標点を見る角度ではなく，観測面上での目標点の位置を検出する．**図3.40**は，2次元平面における三角測量の原理を示す．並列に距離Dで並べた一対のカメラ系があり，それらのレンズ中心O_L, O_Rを通る線をx軸，O_LとO_Rの中点を原点とするx-z直交座標を考え，レンズ中心と観測面の距離をfとする．このとき，目標点Pの像が観測面上の位置u_L, u_Rで観測されたとすると，目標点Pの座標(x, z)は，

$$x = \frac{D(u_\mathrm{L} + u_\mathrm{R})}{2(u_\mathrm{L} - u_\mathrm{R})}$$

$$z = \frac{Df}{u_\mathrm{L} - u_\mathrm{R}}$$

で与えられる．

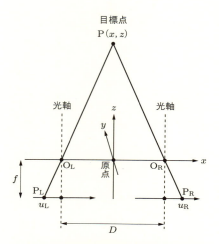

図 3.40 三角測量を用いた距離計測の原理

以上は，平面的な場合であるが，3次元の場合も同様になる．**図 3.41** に，ステレオ

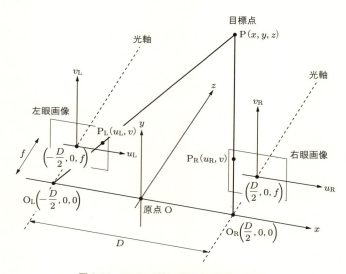

図 3.41 ステレオ法における距離計測モデル

法における 3 次元の画像計測モデルを示す.図では,幾何学的定量関係を見やすくするために,2 台のカメラの画像面は左右カメラの投影中心 $\mathrm{O_L}$, $\mathrm{O_R}$ に関して本来の位置とは対称の位置,すなわち計測対象である目標点 P 側に描かれている.

ステレオ法における 3 次元の画像計測モデル

3 次元の実空間座標を x, y, z で表し,2 次元の画像面座標を u, v で表す.本モデルでは,2 台のカメラの光軸は平行であるとする.また,x 軸と u 軸,y 軸と v 軸とはそれぞれ平行であり,z 軸はカメラの光軸と平行であるとする.そして実空間座標の原点を,左右のカメラの投影中心 $\mathrm{O_L}$, $\mathrm{O_R}$ の中央にとる.このとき,カメラ間隔を D,投影中心と画像面との距離を f とすると左右カメラの画像面座標原点は,それぞれ $(-D/2, 0, f)$, $(D/2, 0, f)$ となる.

今,実空間内の点 P が左右画像上の点 $\mathrm{P_L}(u_\mathrm{L}, v_\mathrm{L})$, $\mathrm{P_R}(u_\mathrm{R}, v_\mathrm{R})$ に投影されたとする.本モデルにおいては,2 本の光軸が平行であり,画像面座標軸と実空間座標軸とが平行であるので v_L と v_R とは同じ値をとる.そこで,両者を区別せず v で表す.2 本の直線 $\mathrm{O_L P_L}$ と $\mathrm{O_R P_R}$ とが点 P で交わるという幾何学的条件より,画像面座標 $(u_\mathrm{L}, u_\mathrm{R}, v)$ と実空間座標 (x, y, z) との関係は次のように与えられる.

$$x = \frac{D(u_\mathrm{L} + u_\mathrm{R})}{2(u_\mathrm{L} - u_\mathrm{R})}, \quad y = \frac{Dv}{u_\mathrm{L} - u_\mathrm{R}}, \quad z = \frac{Df}{u_\mathrm{L} - u_\mathrm{R}}$$

一般的には,D, f を大きく設計し,画像面座標を高精度に計測することによりステレオ画像計測精度を向上できる.一方,カメラ間隔 D を大きくとると精度は向上するが,ステレオ画像間での対応づけが困難になる.計測精度は,f, D に含まれている誤差,実際のシステムと図 3.41 に示したモデルとの不一致(たとえば,2 台のカメラの光軸が完全に平行でない)により劣化する.そのため,焦点距離などカメラ固有のパラメータを精度よく得るためのカメラキャリブレーションやステレオカメラシステムのキャリブレーションが重要である.通常の方法は,精密にカメラの光学特性を測定しつつ,しっかりした台に 2 台のカメラを固定することであるが,ある程度の誤差が発生することは避けられない.そこで,ステレオ画像計測精度をさらに向上させたい場合は,コストは高くなるが 3 台以上のカメラが用いられている(多視点化).このような方法により,画面内のすべての点の 3 次元情報を同時に求めることが原理的に可能である.しかし,実際には入力画像から対応点を求めることが困難な場合もあり,処理対象に応じた工夫が必要である.

3.4 見分ける——照合・判別・分類——

　画像をその中身（**画像パターン**）によって，いくつかの種類（**クラス**）に見分けたい（「照合」，「判別」，「分類」といった用語が使われている）場合がある．このような処理は，一般的には**パターン認識**とよばれる．
　以下では，画像パターン認識において比較的簡単でかつ有効であると思われる「領域判別（テクスチャ解析）」，「テンプレートマッチング」，「ディシジョンツリー法」，「クラスタリング」について説明する．

3.4.1 領域判別（テクスチャ解析）

　ディジタル画像処理において何らかの方法で切り出したある領域に対して，その「模様パターン」を調べて，同じ性質をもった領域であるかどうかを判定したり，同一の性質をもった部分領域ごとにさらに分割したいときがある．画像における模様パターンの例としては，布地，岩石，木目，芝生などが挙げられる．これらの画像パターンは，細かく見れば違いはあるものの，人間の眼には「布地領域」，「岩石領域」など全体として一様な画像領域として感ずる．
　このような微視的には細かな模様が存在し巨視的には均一に感じられるある種の規則に従った模様パターンを一般的に**テクスチャ**とよんでおり，同じテクスチャ的性質をもった領域かどうかを判別することを**領域判別**という．たとえば，航空写真，風景写真，医用写真などの自然物を対象とした画像処理においては，画像をテクスチャとしてとらえなければならないことが多い．
　テクスチャの明確な定義はないものの，ディジタル画像処理においては，**統計的なテクスチャ**と**構造的なテクスチャ**に分けてとらえると解析しやすい．人間にとっては，構造的なテクスチャの方がわかりやすく，このようなテクスチャに対してはテクスチャを構成する最小要素（プリミティブ）をすべて抽出し，その組み合わせ規則を明らかにすることで解析を行う（**構造的解析**）ことができる．図3.42に，構造的なテクスチャの例を示す．
　一方，構造的解析は困難であるが，人間の眼には何らかの繰り返しパターンが存在しているように感じられるテクスチャ（統計的なテクスチャ）に対しては，繰り返しパターンに対応する画像の局所的性質の統計量を調べることで解析を行う（**統計的解析**）．統計的なテクスチャの例としては，砂地や芝生など自然界に存在するきめ細かい模様が挙げられる．実際においては，統計的解析を用いる方が多いと思われるので，以

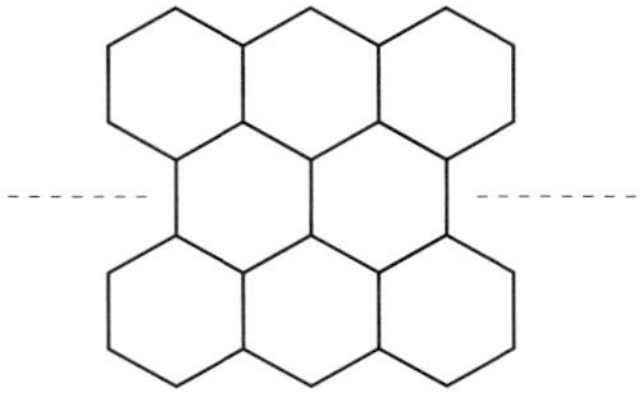

図 3.42 構造的なテクスチャの例

下に統計的解析手法の代表的なものをいくつか紹介する.

(1) 濃度分布による解析

適当に分割された領域内における濃度分布を測り（ヒストグラム作成），その特徴を解析する．ある二つの領域のテクスチャが似ているかどうかはヒストグラムの形状を比較して判断する．この他にも，二つのヒストグラムが性質を同じくする一つの母集団から生成されたものか，または異なる二つ以上の母集団から生成されたものかを統計的に検定するやり方もある．ただし，単純なヒストグラム比較に比べ処理はそれだけ複雑になる．

(2) 濃度推移行列

上記のヒストグラムの代わりに「濃度推移行列」とよばれる行列を求め，その特徴を解析する．濃度推移行列とは，画像内の濃度が m の点から一定の変位 $\delta = (r, \theta)$ だけ離れた点の濃度が n である確率 $P_\delta(m, n)$ をすべての濃度の組み合わせ (m, n) について求めたものである．**図 3.43** に濃度推移行列の例を示す（図では，濃度レベルを 4 にしている）．

0	1	0	1
2	3	2	3
0	1	0	1
2	3	2	3

もとの濃淡画像
（濃度値は 4 レベル）

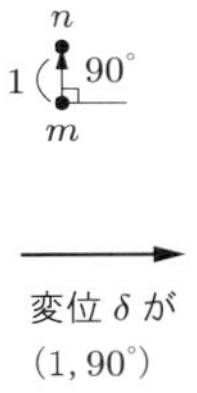

$n \backslash m$	0	1	2	3
0	0	0	$4/12$	0
1	0	0	0	$4/12$
2	$2/12$	0	0	0
3	0	$2/12$	0	0

濃度推移行列

図 3.43 濃度推移行列の計算例（ここでは，$M = N = 3$）

実際の計算においては，すべての変位 δ について推移行列を求めることは現実的でないので，δ の値を適当にサンプリングしている．たとえば，$r = L$（ある単位長さ），

$\theta = \{0\text{度}, 45\text{度}, 90\text{度}, 135\text{度}\}$ などである．一つの濃度推移行列の特徴量としては，次のものがよく用いられている．

・行列の 2 次モーメント（テクスチャの一様性）

$$\sum_{m=0}^{M}\sum_{n=0}^{N} P_\delta^2(m,n)$$

・テクスチャのコントラスト

$$\sum_{m=0}^{M}\sum_{n=0}^{N} \{(m-n)^2 P_\delta(m,n)\}$$

・行列の相関（テクスチャの方向性）

$$\frac{\sum_{m=0}^{M}\sum_{n=0}^{N}\{mn P_\delta(m,n)\} - \mu_1\mu_2}{\delta_1 \delta_2}$$

上の式において

$$\mu_1 = \sum_{m=0}^{M}\left\{m\sum_{n=0}^{N} P_\delta(m,n)\right\}, \quad \mu_2 = \sum_{n=0}^{N}\left\{n\sum_{m=0}^{M} P_\delta(m,n)\right\}$$

$$\delta_1 = \sum_{m=0}^{M}\left\{(m-\mu_1)^2 \sum_{n=0}^{N} P_\delta(m,n)\right\},$$

$$\delta_2 = \sum_{n=0}^{N}\left\{(n-\mu_2)^2 \sum_{m=0}^{M} P_\delta(m,n)\right\}$$

前述のようにテクスチャは領域に対応するものであり，上記の統計的解析手法により得られる解析結果は，特定領域をいくつかの種類に分類したり，同じテクスチャ的性質をもつ領域かどうかを判別したりするために用いる．

3.4.2 テンプレートマッチング

画像の場合は，しばしば図 3.44 のようにメッシュ領域（最小のメッシュは画素そのものとなる）ごとの特徴量を画像の左上の位置からラスタ走査の順番に並べた 1 組のデータを**パターン**として定義する．また，メッシュ領域の特徴量としては，その領

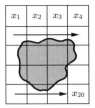

図 3.44 濃淡画像のパターン表現例

域内の画素の平均濃度（この場合，非負の特徴量となる）を用いることが多い．ここでのパターンは，数学的には「n 次元ベクトル（n はメッシュ総数）」として取り扱われる．

ある与えられたパターンがどのクラスに属するものなのかを決定する簡単な方法として**テンプレートマッチング**がある．すなわち，各クラスを代表する**テンプレート**（いわゆる**標準パターン**であり，通常はクラスあたり 1 個）をあらかじめ記憶しておき，クラスが未知のパターンが入力された際には，入力パターンとテンプレートとの照合を行い，入力パターンがどのクラスに属するかを決定する．照合には，**パターン間の距離**を用い，最も一致したテンプレートに対応するクラス名を入力パターンの識別結果とする．このとき，パターン間の距離の定義としては，いくつか考えられるが，代表的なものは次の**ユークリッド距離**である．

すなわち，

$$入力パターン\ P_i = (P_{i,1}, P_{i,2}, \cdots, P_{i,n})$$
$$テンプレート\ P_T = (P_{T,1}, P_{T,2}, \cdots, P_{T,n})$$

のユークリッド距離 D_u は次式で与えられる．

$$D_u = \sqrt{\sum_{k=1}^{n}(P_{i,k} - P_{T,k})^2}$$

パターン間の距離は，その長さ（ベクトルの次元数）が等しいパターンどうしにおいて定義されることがポイントであるが，このほかにも以下のような尺度が用いられている．

$$D_x = \max_{1 \leqq k \leqq n} |P_{i,k} - P_{T,k}|$$

$$D_a = \sum_{k=1}^{n} |P_{i,k} - P_{T,k}|$$

$$D_s = \sum_{k=1}^{n} (P_{i,k} - P_{T,k})^2$$

図 3.45 に，テンプレートマッチングによる図形分類の例を示す．図のように，テンプレートとしては劣化のない理想的な画像パターンを用意する．そして，入力パターンとテンプレートを重ね合わせ，上記に示すような距離を計算する．最後に，距離の最小値を与えるテンプレートに対応する図形クラスを識別結果とする．

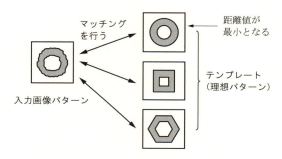

図 3.45 テンプレートマッチングによる図形分類の例

テンプレートマッチングは，画像のどこに対象とする画像パターンが存在するかを探索する問題（**パターンサーチ**）にも適用できる．この場合は，対象パターンのテンプレートを画像上で 1 画素ずつ動かしながらラスタ走査し，その都度パターン間の距離を計算し，最終的に最小距離値を与える場所（ここでは，どこか 1 ヶ所に必ず存在する場合を想定）を検出する（**図** 3.46 参照）．

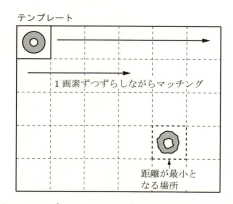

図 3.46 テンプレートマッチングによるパターンサーチの例

画像内でのパターンサーチの場合には，上記の距離の他に，次のような正規化された相互相関値 R（一般的には $-1 \leq R \leq 1$ となるが，n 次元ベクトルの n 個の要素がすべて非負の場合は $0 \leq R \leq 1$ となる）を照合尺度として用いることもある．パターンの変形に対しては多少強くなるが，演算量は多くなる．

$$R = \frac{\sum\limits_{k=1}^{n}(P_{i,k} \cdot P_{T,k})}{\sqrt{\left(\sum\limits_{k=1}^{n} P_{i,k}^{2}\right)\left(\sum\limits_{k=1}^{n} P_{T,k}^{2}\right)}}$$

3.4.3 ディシジョンツリー法

前項では，画像を n 次元ベクトルとしてパターン表現し，パターン間に距離尺度を定義することによって，クラスごとに分類（パターン認識）する方法を紹介した．しかし，実際には n 次元ベクトルのすべての次元がパターン分類の目的にとって必要でない場合もあり得るし，対象とする画像パターンがもつある種の構造的または形状的な特徴量を分類に用いた方が人間にとってわかりやすくかつ有効である場合もある．特徴量の例としては，たとえば，対象が図形である場合を考えるとわかりやすく，辺の数とか閉ループの数，分岐点や端点の数，あるいは閉ループの面積などが挙げられる．

ここでは，対象とする画像パターンにおいてある構造的または形状的な特徴がはっきり現れていれば，それはクラス 1 であり，また別の特徴が現れていればクラス 2 であるというように，いくつかの特徴を適当な数だけ調べることによって，対象を分類する方法を紹介する．

ディジタル画像処理においては，一般的に一つの特徴量を計算するのに時間（コスト）がかかるので，多段的に必要に応じて特徴量を計算しながら分類していくやり方が効率がよい．このような階層的な処理の制御にはツリー制御が向いており，**ディシジョンツリー法**（日本語名で**決定木法**ともいう）とよばれる方法が最も代表的なものである．

実用においては，ディシジョンツリー法は様々な形で用いられているが，ここでは**図 3.47** を例に取りながら説明する．

ディシジョンツリーの構成要素

一般的にディシジョンツリー（以下では，DT と略す）は，図のように**節点**（**ノード**ともいう）と**枝**（**ブランチ**ともいう）から構成される．節点の中で特に開始節点を

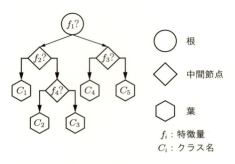

図 3.47 ディシジョンツリーの例

根，子をもたない終端の節点を**葉**とよぶ．根と葉以外の節点を**中間節点**と区別してよぶ．図では，表示の簡単さのため葉以外の分岐数（子節点の数）を 2 に固定している（このような木を特に「2 分木」とよぶ）が，一般的には 2 に限定されない．

▪▪ 葉節点へのクラス名の割り当て

分類するクラス集合を $\{C_1, C_2, \cdots, C_n\}$ とする．クラス名 C_i（一種のラベル）はすべて，DT の葉のいずれか（複数であっても可）に割り当てられていなければならない．実際には，ノイズなどの影響で入力画像がもつ特徴量が正確に求まらないこともあり得るので，葉に対して「リジェクト（分類不能）」というラベルを割り当てることもある．

▪▪ 葉以外の節点への分岐方法の割り当て

葉以外の節点に対しては，「入力画像に対して求めるべき特徴量（一般的には複数でも可）」と「その特徴量を用いた分岐のための判定方法（たとえば，しきい値との大小比較方法）」が割り当てられている．また，その節点から出ている枝への分岐の条件が付与されている．分岐の仕方は，たとえば特徴量がしきい値以上であれば，左の枝へ進み，そうでなければ右の枝へ進むという具合である．

▪▪ 特徴量の選択と計算

DT において用いられる特徴量の集合を $\{f_1, f_2, \cdots, f_L\}$ とすると，これらの特徴量はあらかじめすべて計算しておく必要はなく，DT の根から葉に向かって分岐していく順序に従い必要に応じて計算すればよい．同じ特徴量を繰り返し分岐判定に用いるような DT を構成する場合もあり得るが，その際は一度計算した特徴量は分類が終了するまで，いいかえれば葉に到達するまで保存しておき再計算しないようにするのが効率的である．

入力画像 P が与えられたとして，P をクラス集合 $\{C_1, C_2, \cdots, C_N\}$ または，リジェクトのどれかに分類する手順が DT であるが，最終分類に至るまでに必要な特徴量の数をできるだけ少なくした方が処理が高速となる．理論的には，N 個のクラスへ分類するための特徴量の最小個数は $\log_2 N$ であるが，実際にはそのようにうまく特徴量を選ぶことは困難であることの方が多い．

実用においては，特徴量の選択とそれに基づくディシジョンツリーの構成は人手により経験的に行われることが多い．クラスの数が多くなってくると，それに伴って必要な特徴量も多くなってくるので人手による構成は困難になってくるが，クラスをいくつかにグループ分けするなどしてディシジョンツリーを部分的に構成し組み合わせるとよい．また，ディシジョンツリーをある程度，自動的に構成することも可能である．

ディシジョンツリーを構成する際の補足事項

DT を構成する際の補足事項を以下に簡単に述べておく．

- 入力画像の出現頻度に対応して非常によく現れるクラスについてはクラス決定のための特徴量の数を少なくする．いいかえれば，ほとんど現れないクラスについては特徴量の数は多くてよい．すなわち，平均的に最も少ない特徴量の数であるようにする．もしも，一定時間内に必ず分類を完了させたいならば（工場の生産ラインでの製品検査のような場合），すべての根から葉へのパスにおける特徴量の数（ディシジョンツリーの高さに相当）をあるしきい値以下にしなければならない．
- ディシジョンツリー法では，一度，ある節点において判定誤りをすると，以後の中間節点ではその誤りを回復することはできない．後段の処理に与える影響は，ディシジョンツリーの根に近いところほど大きい．したがって，分類全体の信頼性を高めるためには根に近い節点の特徴量ほど，ノイズなどに対して安定なものを選ぶ必要がある．

3.4.4 クラスタリング

テンプレートマッチングのところでは，「パターン」やパターン間の「距離」について説明し，最小距離に基づく「クラス分け」の方法を紹介した．通常，あるクラスに属するパターンの分布は，パターン空間の中で一つの凸状の塊（明確な定義はないものの，一つのまとまった塊という意味で一般的に**クラスタ**とよばれている）を形成していると仮定するが，実際にはいくつかのクラスタに分かれていることもある（**図 3.48**）．このような場合には，それぞれのクラスタを一つのクラス（もとのクラスのサブクラスとみなす）と定義し直せば，パターン距離に基づくクラス分け方法の有効性をその

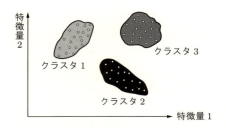

図 3.48 2 次元パターン空間でのクラスタの例

まま保つことができる．また，文字画像パターンのような明確なパターンクラスの概念（文字カテゴリ）が存在しない画像パターン集合に対して，上記のクラスタが一つのパターンクラスを形成すると考えてパターン分類を試みることもできる（一つの解析手段として）．

与えられたパターン集合に対し**クラスタ解析**を行って，クラスタごとに分類することを一般的に**クラスタリング**とよぶ．自己完結的に分類を行うことから，**教師なし学習**ともみなせる．

以下では，クラスタリングの方法について説明する．ここでは，n 個のサンプルパターン集合，

$$P = \{P_1, P_2, \cdots, P_n\}$$

が与えられたとする．また，パターン間の距離はあらかじめ定義されているとし，ここでは一例として，ユークリッド距離を用いる．このとき，二つのパターン P_1 と P_2 のユークリッド距離を $\|P_1 - P_2\|$ と表す．

まず，単純で計算量が少ない方法を紹介する．この方法はサンプルを順番に取り込んでクラスタを計算していき，一順で終了する．

単純なクラスタリング方法

Step 1 P_1 をクラスタ中心 C_1 とする．また，しきい値 T の値を設定する．

Step 2 P_2 と C_1 との距離を計算し，$\|P_2 - C_1\| \leq T$ であれば，P_2 は C_1 を中心とするクラスタに属するとする．そうでなければ，P_2 を新たなクラスタ中心 C_2 とする．

Step 3 残りのサンプル $P_i (i = 3, 4, \cdots, n)$ について，順番に Step 2 と同様な処理を繰り返し，いくつかのクラスタを形成する．すなわち，P_i とそれまでに形成されているクラスタの中心 C_j との距離を計算し，それが T 以下であれば，P_i はそのクラスタに属するものとする．複数のクラスタが対応づけられた場

合は，最小距離値のクラスタを選ぶ．どのクラスタにも属さなかった場合は，P_j を新たなクラスタ中心とし，クラスタの数を 1 個増やす．

この方法は，T の設定値とサンプルを取り出す順序に大きく依存するのでいつも安定なクラスタが得られるとは限らず，必ずしも実際的とはいえない．実際的な方法としては，安定なクラスタが形成させるまでサンプルを何度も読み込んで計算を繰り返す「K 平均アルゴリズム」とよばれる方法がよく知られている（図 3.49）．

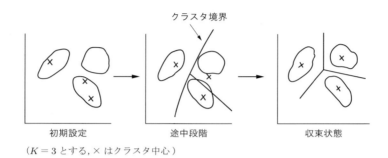

図 3.49 K 平均アルゴリズムにおける収束過程の例

K 平均アルゴリズム

この方法では，クラスタ数 K の値を最初に指定しておく．

Step 1 繰り返しステップ数 L を 1 にする．K 個の初期クラスタの中心，

$$C_1(1), C_2(1), \cdots, C_K(1)$$

を任意に選んだ K 個のサンプルパターンと同じにする．

Step 2 すべてのサンプルパターン $P_1, P_2, \cdots, P_n$ を次のようにして，これまでに形成されている K 個のクラスタのどの平均パターンに最も近いかによりクラスタ分けする．すなわち，すべての $i, j = 1, 2, \cdots, K (i \neq j)$ について，

$$\|P - C_j(L)\| < \|P - C_i(L)\|$$

であれば，$P \in S_j(L)$ とする．ここに，$S_j(L)$ は $C_j(L)$ をクラスタ中心とするサンプル集合である．

Step 3 Step 2 で得られた $S_j(L)$ の新しいクラスタ中心を，その平均パターンとする．そして，これを $(L+1)$ ステップでのクラスタ中心とする．すなわち，

$$C_j(L+1) = \frac{1}{N_j} \sum_{P \in S_j(L)} P \quad (j=1,2,\cdots,K)$$

とする．ここに，N_j は $S_j(L)$ に属するサンプル数である．

Step 4 すべての $j=1,2,\cdots,K$ に対して $C_j(L+1) = C_j(L)$ となれば，アルゴリズムは安定したとして終了する．そうでなければ，ステップ数 L を $L+1$ として，上記 Step 2 へ．

以上の K 平均アルゴリズムは，当然ながらクラスタ数 K の与え方に依存する．実際的には，K の値を予想されるある範囲内で変化させて安定なクラスタを求めるとよい．また，K の値をデータのパターン分布内容によって自動調整する方法も考えられるが，一般的には処理が複雑になってくる．

3.5 符号化，構造化する——蓄積・管理・検索——

入力段階では画像は行列の形式で表現されるが，蓄積・管理・検索などの処理が中心である場合には，別のデータ形式に変換した方が効率がよいこともある．このようなデータ変換は，データ量削減のための符号化であったり，検索や照合がやりやすいようにするためのデータ構造化だったりする．この節では，定番的な画像情報のデータ符号化，構造化の手法に関して解説する．

3.5.1 チェーンコーディング

境界（輪郭）追跡や線分追跡（3.3.7 項参照）などの処理を行うとその結果として，正方格子点上の座標点 (m,n) の系列が得られる．このような座標点列データをコンピュータ上で効率よく取り扱うための方法として，図 3.50 に示すような 45 度きざみの 8 方向に対応する数字（ここでは，0 を基点とした 7 までの数字とし，これらを **8 方向指数** とよぶ）を用いた **符号化方法** がある．ここでのポイントはディジタル線図形の連結性の定義（2.2.4 項）であり，8 連結と定義した場合は 8 方向必要であるが，4 連結定義の処理においては 4 方向でよい．連結性の定義により必要な方向指数の数は変わるが，このような方向指数を使って線図形（ディジタル曲線）を符号化することを **チェーンコーディング** とよび，符号化されたもの（**折れ線近似表現**）をチェーンコードという．なお，フリーマンによって提案されたので **フリーマンコード** とよばれることもある．いったん，正方格子座標の点列に表現してからチェーンコーディングを行うのではなく，境界追跡／線図形追跡しながら直接，チェーンコーディングすること

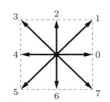

8方向指数	水平方向の変位	垂直方向の変位
0	1	0
1	1	1
2	0	1
3	−1	1
4	−1	0
5	−1	−1
6	0	−1
7	1	−1

（a）8方向指数のベクトル表現　　（b）8方向指数の水平および垂直方向の変位

図 3.50　8 方向指数の定義

も可能である．

　チェーンコードは一種の相対座標表現（ベクトル表現）であるので，もとの絶対位置情報を保存するのであれば出発点の絶対座標も記憶しておかなければならない．ここでは 8 連結のディジタル曲線を取り扱うものとし，ある曲線に対応するチェーンコードを，

$$L = c_1 c_2 \cdots c_n \quad \text{ここで,} \ c_i \in \{0,1,2,3,4,5,6,7\}$$

と表す．L をディジタル処理するために必要な記憶容量を見積もると，各 c_i に対応する 0 から 7 までの数字を表すためには 3 ビットあればよいので，L 全体としては最低 $3n$ ビットあればよいことになる（実際には，このほかに出発点の絶対座標を記憶するための容量も必要）．チェーンコーディングを行うと記憶容量の節約になるばかりではなく，L には次のようないくつかの好ましい性質があり，これらを線図形の変換や解析に利用することができる．

（1）　L の符号長は n であるが，L が表現するディジタル曲線の全長を問題にする場合は，正方格子点上における斜め方向の距離値 $\sqrt{2}$ を考慮しなければならない．この計算は L に対して，奇数の方向指数を選び出せば簡単に行える．

（2）　L に対する幾何学的な処理においても，上と同様 8 方向指数に対する計算で簡単に行える場合があり，以下に代表例を示す．

方向の反転

　L の 8 方向指数の並びを逆順にしながら，各方向指数に対する逆方向の指数で置き換えていけばよい．

45度単位の回転

図 3.50 のように 8 方向指数を定義した場合，反時計回りで 45 度の整数倍（I とする）の回転は，

$$L_r = (c_1 + I)(c_2 + I) \cdots (c_n + I)$$

となる．ここで，$(c_i + I)$ は 8 を法（モード）とする加算であり，算術加算において 7 を超えた場合には，8 を減じることでその値を 0 から 7 の巡回的なものにする．

閉曲線かどうかの判定

これは，L の 8 方向指数を 8 方向の単位ベクトルとみなし，水平方向と垂直方向の変位を最初から順番に計算していき，それらを累積したときにもとに戻るかどうかを調べればよい．すなわち，水平方向と垂直方向の累積変位がともに 0 ならば閉曲線である．

曲線の存在範囲（外接長方形の幅と高さ）

閉曲線かどうかの判定処理と同様に水平方向と垂直方向の変位を最初から順番に累積計算していき，それぞれの最大と最小の変位値を記憶する．ここで，

$$\text{水平方向の最大変位値} = W_{\max}, \quad \text{水平方向の最小変位値} = W_{\min}$$
$$\text{垂直方向の最大変位値} = H_{\max}, \quad \text{垂直方向の最小変位値} = H_{\min}$$

とすれば，

$$\text{外接長方形の幅} = W_{\max} - W_{\min}, \quad \text{外接長方形の高さ} = H_{\max} - H_{\min}$$

となる（図 3.51 参照）．

3.5.2 線分（直線）近似

前項では，ディジタル曲線（正方格子点上の座標点の系列）をコンピュータ上で効率よく取り扱うための手法として，チェーンコーディングを紹介したが，線を数学的な方程式の形式で表現して何らかの解析を行いたい場合もあり得る．ここでは，ディジタル曲線を「線分（直線）近似」する問題を取り扱う．

まず，一般的な定式化を行う．すなわち，座標点列を，

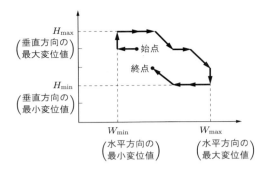

図 3.51　チェーンコードを用いた曲線の存在範囲の計算例

$$\{(x_i, y_i), \quad (i = 0, 1, \cdots, n)\}$$

とし，$y' = f(x)$ という方程式で，これらの点を最適曲線へ当てはめることを考える．一番簡単な考え方は，点 (x_i, y_i) と $(x_i, f(x_i))$ との間の距離の和をなるべく小さくすることである．このための評価関数としては，以下のものが考えられる．

$$\varepsilon_1 = \sum_{i=0}^{n} |y_i - f(x_i)|$$

$$\varepsilon_2 = \sum_{i=0}^{n} |y_i - f(x_i)|^2$$

$$\varepsilon_3 = \max_{i} |y_i - f(x_i)|$$

ε_1 は絶対値の和の最小を求めるものであり，ε_2 はいわゆる最小 2 乗法の評価関数である．ε_3 は最大のずれを抑えるという考え方のもとで用いられる評価関数である．評価関数として，理想的なものは x 軸上の差をとるのではなく，図 3.52 に示すように，点 (x_i, y_i) から $y' = f(x)$ 上の最も近い点までの距離を合計したものを最小にするこ

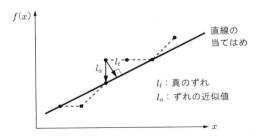

図 3.52　ディジタル曲線の線分近似の例

とであるが，ここでは計算を簡単化している．

実際には，直線の式を当てはめること（**直線の当てはめ**）がしばしば行われており，以下では最も一般的な最小 2 乗法による直線近似法を紹介する．

最小 2 乗法による直線近似

対象とする座標点列を，

$$\{(x_i, y_i) \quad (i = 0, 1, \cdots, n)\}$$

と表す．ただし，x_i はすべて異なり，$n > 1$ とする．
これに対し，当てはめる直線の関数式を，

$$y' = a_1 \cdot x + a_0$$

とおき，上記の n 個の座標を代入すると，行列の積の形として

$$\begin{pmatrix} y'_0 \\ y'_1 \\ \vdots \\ y'_n \end{pmatrix} = \begin{pmatrix} x_0 & 1 \\ x_1 & 1 \\ \vdots & \vdots \\ x_n & 1 \end{pmatrix} \begin{pmatrix} a_0 \\ a_1 \end{pmatrix}$$

が得られる．さらに，この式の三つの行列を左からそれぞれ Y', X, A とおくことにより

$$Y' = X \cdot A$$

という具合に簡単に表現できる．ここで，最小 2 乗誤差を評価関数として採用すれば，

$$\varepsilon_2 = |Y - Y'|^2 = |Y - X \cdot A|^2$$

を最小にする問題に帰着する．この解は，

$$A = (X^T X)^{-1} \cdot X^T \cdot Y$$

であることが知られている．上の式において，X^T は X の転置行列，Z^{-1}（Z は正方行列）は Z の逆行列を表す．

対象となる座標点列を 1 本の直線式で近似するのではなく，複数の線分で近似（「折

れ線近似」）した方がよい近似となる場合もある．以下では，二つの代表的な折れ線近似の方法を説明する．

特徴点分割による曲線の折れ線近似

まず座標点列が表すディジタル曲線を，何らかの方法で直線部分に分割し，それから分割部分に対して上記の直線の当てはめを行うという方法が簡単かつ効果的である．実際の曲線の分割においては多くの場合，極大曲率点，変曲点（曲率が正負に変化する点），角（コーナー）点などの特徴点を分割点としている（図 3.53）．ここでは，角点を簡単に検出する方法を紹介する．

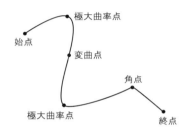

図 3.53　特徴点分割による曲線の折れ線近似の例

角（コーナー）点の検出方法

まず，曲線上の任意の点 P_i の**角点らしさ**を定量的に定義する．角点らしさの尺度としては，次の二つがしばしば採用されている（図 3.54 参照）．

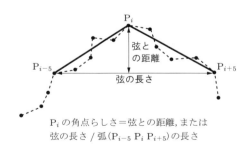

P_i の角点らしさ＝弦との距離，または
弦の長さ / 弧$(P_{i-k} P_i P_{i+k})$の長さ

図 3.54　角点らしさの尺度（ここでは $K=5$）

（1）点 P_i から左右に k 個ずつ離れた点 P_{i-k} と P_{i+k} との間に弦を引き，P_i とこの弦との距離を計算し，これが大きいほど角点らしいとする．

（2）上記と同様に点 P_i から左右に k 個ずつ離れた 2 点 P_{i-k} と P_{i+k} との間の弦の長さ（弦長）と弧の長さ（弧長）との比（1 以下となる）を角点らしさとする．こ

の定義の場合，その値が小さいほど角点らしいとする．ただし，P_{i-k} と P_{i+k} との間の弦は曲線を横切らないとするなど多少，条件がつく．

次に，注目点 P_i を曲線上に移動させていき，極大となるような位置を探す．そして，この極大点での角点らしさの評価値があらかじめ設定したしきい値以上（上記（2）の尺度の場合は「以下」）であるとき，その点が角点であると最終判定する．

以上の角点検出方法では，パラメータ k の値の選び方が重要であることはいうまでもない．実際には，処理対象に応じて設計者の経験や実験的方法により決定されている．

繰り返し 2 分割による曲線の折れ線近似

説明を簡単にするため，対象となる曲線は閉ループを成すとする．

Step 1 閉曲線上の任意の点 P_1 を開始点（最初の分割点）として選び，その点から最大距離の曲線上の点 P_2 を見つける．そして，点 P_2 を新たな分割点として選ぶ．ただし，後段の折れ線近似処理の結果は，開始点 P_1 の取り方によって異なってくるので注意が必要である．通常，P_1 としては前述の角点などの特徴点の一つを選ぶ．

Step 2 直線 $P_1 P_2$ により閉曲線は二つの曲線に分割でき，それぞれの曲線上において直線 $P_1 P_2$ から一番遠い点 P_3 および点 P_4 を探す．このとき，直線 $P_1 P_2$ から点 P_3 または点 P_4 までの距離が，あらかじめ設定したしきい値 T より大であれば，その点を新たに分割点として選ぶ．

Step 3 これまでに選ばれた複数の分割点により，もとの曲線はいくつかの部分曲線（弧）に分かれる．それぞれの弧において弦から最も遠い点を求めて，この距離が T より大であれば，それらの点を新たな分割点とする．このような再分割をもはや分割点が得られなくなるまで，いいかえれば，十分な折れ線近似が得られるまで繰り返す（図 3.55 参照）．

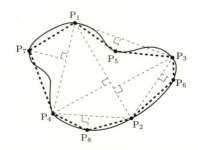

図 3.55 繰り返し 2 分割による曲線の折れ線近似の例

なお，上記では対象とする曲線は閉ループを成すとしたが，そうでない場合でも上記と同様な分割処理が適用できる．すなわち，始点と終点の 2 点を分割点としてまず最初に選び，その 2 点を結ぶ弦から最も遠い点を分割点として新たに加えるといった具合にして分割処理を繰り返せばよい．

3.5.3 ピラミッド構造化（多重スケール化）

テンプレートマッチング手法を 3.4.2 項ですでに紹介したが，実際には画像サイズが大きくなるに従って，処理時間が問題となってくる．しかし，処理目的によっては高精度の画像は必ずしも必要なく，粗い画像情報で十分事足りる場合も少なくない．たとえば，ラフな対象物の位置検出，インデックス的な検索用画像表示，事前の試し的な画像解析などである．これらは全体として何段階かの処理を想定しており，まず初段の処理として精度は粗くてよい（後段の処理で精度を上げていくので概略がわかればよい）が，処理時間はできるだけ短くあって欲しいという場合である．

ここでは，このような観点からの画像処理手法としてよく知られている画像データの**ピラミッド構造化**について説明する．

画像データのピラミッド構造

ここでは，対象とする画像のサイズが縦横ともに 2 のべき乗であるとする．すなわち，濃淡画像 $f_0(i,j)$ の画像サイズを処理の便宜上，2^m（縦）$\times 2^n$（横）とする．そして，このサイズの画像（原画像）を **0 次のピラミッド画像**とする．画像サイズを 2 のべき乗としたのは，原画像を開始画像として縦横の長さをそれぞれ半分ずつ（面積は 1/4）に順番に縮小していくためである（**図 3.56** 参照）．したがって，画像サイズは次のようになっていく．

$$1 \text{ 次のピラミッド画像 } f_1 : 2^{(m-1)} \times 2^{(n-1)}$$
$$2 \text{ 次のピラミッド画像 } f_2 : 2^{(m-2)} \times 2^{(n-2)}$$
$$\vdots$$

そして，縦または横の長さが 1 になれば，その辺の方向の縮小を終了させる．ただし，たとえば 1 画素 $\times$ 1 画素の画像はなんら情報として意味がないので，実際には，途中の適当なサイズで止める．

上記のような画像データの階層化を行うことを**ピラミッド構造化**とよんでいる．あるいは，画像サイズ（いいかえれば，画像を見る**スケール**）の異なる複数の画像を保有

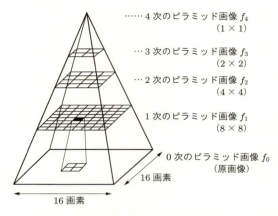

図 3.56　画像データのピラミッド構造化の例

することから**多重スケール化**などといわれることもある．サイズを縦横半分ずつにしていくので，J 次のピラミッド画像の 4 画素分が $(J+1)$ 次の画像の 1 画素に対応することになる．このようなデータ構造化のポイントは，画像の縮小（画像変換）のやり方であるが，実際には $(J+1)$ 次のピラミッド画像のある画素の濃度値を，J 次画像の対応する 4 画素の平均濃度とする方法がしばしば採用されている．対象とする画像が 2 値画像である場合は，$(J+1)$ 次の対応する 4 画素の中に 1-画素（図形画素）があれば，J 次の画素の値を 1 とするという変換ルールを用いることが多い．

なお，もし実際の画像サイズが 2 のべき乗でない場合は，たとえば濃度値 0 の余分な情報を便宜的につけ足すことで，2 のべき乗になるようにすればよい．

以上のピラミッド構造化を行うと，1 次以上の各次数に対応するピラミッド画像を余分に記憶する必要があるが，高次になればなるほど画像サイズが小さくなるので，そのレベルで間に合う画像処理は高速になる．ピラミッド画像活用の典型例は，3.4.2 項で説明したテンプレートマッチングによる画像内のパターンサーチであり，かなりの高速化処理が期待できる．以下にその概略を説明する．

ピラミッド構造を用いたパターンサーチ

パターンサーチの対象となる濃淡画像を上記と同様，

$$f_0(i,j), \quad 画像サイズ：2^m(縦) \times 2^n(横)$$

とする．そして，探したい画像パターンのテンプレートを，

$$g(i,j)$$

とする．なお，g の画像サイズは f_0 に比べて小さいとするが，相似変換された画像パターンも許すとする．したがって，ここでの問題は，f_0 の中から g または g が相似変換された画像（g が回転することはないとする）が存在する場所（一般的には複数ヶ所）を見つけることである．ただし，見つからない場合もあるとする．このようなパターンサーチは以下の方法により高速に行える．

Step 1 f_0 をあらかじめピラミッド構造化する．

Step 2 サーチを開始するピラミッド画像の次元数 k の値を設定する．一般的には，ピラミッド画像の最大次数を選べばよい．

Step 3 k 次のピラミッド画像 $f_k(i,j)$ に対して g のサーチを行う．このとき，パターン間の距離の定義についてはあらかじめ定義しておく（3.4.2 参照）．たとえば，対応する画素どうしの絶対値濃度差の総和などが考えられる．そして，局所的に最小（極小）距離値となる f_k 内の位置を見つけ，その距離値を $D_{\min}$ とする．もし，$D_{\min} \leqq T$（あらかじめ設定したしきい値）であれば，サーチ成功としてその位置を記憶する．f_k 内すべてのサーチが完了するまで同様の処理を繰り返す．サーチが完了すれば $k \Leftarrow k-1$ として次へ．

Step 4 $k < 0$ ならば，処理終了．そうでなければ，Step 3 へ．

上記では，g の回転はないとしたがそれも許すとすれば，回転させたテンプレートもあらかじめして用意しておき，複数のテンプレートに対して同様なパターンサーチを行えばよい．また，g の相似変換の画像パターンは考慮しなくてよい場合でも，テンプレートの数が多いときなど，g の方もピラミッド構造化しておき，高次元のピラミッド画像（縮小画像）どうしでマッチングしてスクリーニングした方が効率的なことがある．

3.5.4 メッシュ管理とレイヤ管理

ここでは，画像情報の効率的な管理方法について説明する．たとえば，地図情報のように空間的に広がりをもった図形情報をコンピュータにより管理する場合，全体を 1 枚の大画像として取り扱うのは検索の効率を考えると必ずしも最適とはいえない．欲しい情報は，一部の局所的な場所に関するものであったりするからである．そのため，大画像に対しては，前項のピラミッド構造化とは異なる観点からの検索の効率性を考慮したデータ構造化が必要になってくる．最も簡単な構造化法は，均等なメッシュに分割して管理する方法（**メッシュ管理**）と同じ位置にある情報を種類によって別々に分けて管理する方法（**レイヤ管理**）である（図 3.57 参照）．両者は併用されることもあ

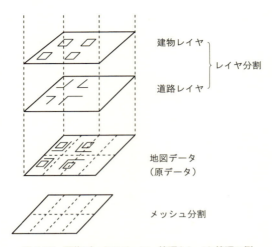

図 3.57　画像データのメッシュ管理とレイヤ管理の例

る．メッシュ管理方法については，均等なメッシュとしない方がよい場合もある．たとえば，1枚の画像の中に多くの点が存在しているもののそれらが均等に分布していない場合などである．以下では，点情報の効率的な管理方法を具体的に説明する．

画像の4分割による点情報の管理

　ここでは，1枚の画像の中に多くの点が不均一に存在しているものとして，それらの点の座標値を「効率的に管理する」ことを考える．ここでいう「効率的に」とは，ある範囲が指定されたとき，その範囲に含まれる点の座標情報をできるだけ素早く取り出すことを意味する．実際の応用では，点の座標情報のほかにもその点のもつ付属情報が同時に得られる．以下に代表的な画像分割・管理方法を示す．

Step 1　1画面を均等に4分割し，それぞれのメッシュ内に含まれる点の数を数える．
Step 2　各メッシュごとに次の処理を行う．すなわち，メッシュ内の点の数が多い場合には，そのメッシュをさらに4分割する．そして，細分化された各メッシュについてもこれと同様な処理を，一つのメッシュ内の点の数がしきい値以下になるまで繰り返し行う（図 3.58 参照）．
Step 3　最終的な画像分割情報は，たとえば図 3.58 に示すような4分木（各節点から4本の枝が出る木）により表現できる．検索の際にある範囲が指定されれば，この木を根よりたどり，対応するメッシュを見つければよい．このメッシュは，たとえば一つのリストに相当し，リスト上を順番にアクセスすることによって個々の点情報が得られる．

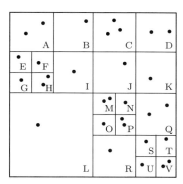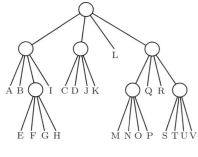

(a) 不均一に分布した点 (位置) 情報　　　(b) 画像分割の 4 分木表現

図 3.58　画像 4 分割による点情報管理の例

　上述の方法により画像をメッシュ分割すれば，点が密に分布している領域は細かく分割された形のメッシュ構造が得られる．このようなメッシュ構造に基づいて点情報を管理すれば，たとえば地図や図面情報の管理・検索に便利である．ただし，点情報の追加においてメッシュ内の点の数がオーバフローして細分割しなければならなくなった場合は，少し手間がかかる．

　以上の画像 (2 次元情報) のメッシュ分割の考え方は，k 次元情報の管理に拡張することができる．すなわち，座標が $(x_1, x_2, \cdots, x_k)$ と表される k 次元空間内の有限個の点データを管理する問題となる．ここでは，k 次元空間内において近いところにあるデータは近くに配置するという管理構造を考えなければならない．このような方法の代表が「k-d ツリー法」である．k-d ツリーとは，k-dimensional (k 次元) データを取り扱う木構造という意味である．

k-d ツリー法 (2 分割による点情報の管理)

Step 1　与えられた k 次元点集合において，座標値の分散が最大である軸を計算し，その軸での座標値の中央値によってその座標軸を 2 分割する．これにより点集合は二つのサブ集合に分かれる．

Step 2　得られた二つのサブ集合に対してそれぞれ Step 1 を繰り返し適用して，一つのサブ集合に含まれる点の数がしきい値（あらかじめ設定しておく）以下になれば終了．

Step 3　最終的に得られた分割を木構造化し (2 分木による表現し)，これを管理情報とする．

3.6 加工,編集する——変換・合成・生成——

この節では,変換・合成・生成などの処理を行って,ディジタル画像を加工,編集するためのいくつかの基本手法を紹介する.

3.6.1 拡大 / 縮小 / 回転

画像を入力する際に受ける幾何歪みを補正するための手法については,3.2.5 項で述べたが,画像を加工,編集する場合にも同様な画像幾何変換(解像度変換)が必要になってくるときがある.たとえば,画像の一部を切り出し拡大する(解像度を上げる),データ容量を減らしてメモリを節約したり処理負荷を少なくする(解像度を下げる)などの場合である.これらの目的に対しても,3.2.5 項で示したアフィン変換による一般的手法が適用可能であるが,加工・編集の際には,所望の幾何変換が整数倍の拡大 / 縮小や 90 度回転で事足りる場合が多い.そこで,ここでは簡単に実行できる画像幾何変換の方法を紹介しておく.

■ 整数倍の拡大

拡大倍率が整数なので,拡大によって解像度が増えた分の画素の濃度値をどう決定するか(補間方法)がポイントとなる.補間の考え方は,3.2.5 項と同様であり,次の二つの方法が代表的である(図 3.59 参照).
(1) 同じ画素値を繰り返す(0 次補間).
(2) 1 次(直線)補間する.
(1)の方法は処理は単純であるが拡大率が大きくなると不自然になってくる.一

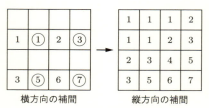

(a) 原画像　　　(b) 0 次補間による　　　(c) 1 次補間による拡大画像
　（濃度レベル 8）　　　拡大画像
　　　　　　　　　　（縦横 2 倍）

注:ここでは,補間計算の結果が整数とならない場合は,小数第 1 位を四捨五入した.また,枠外は 0 とした.

図 3.59　整数倍の画像拡大の例

方，高次の補間を用いると人間の眼には滑らかに感じるようになるが，もともと情報のないところを補間しているので画質においては限界がある．

整数分の 1 の縮小

$1/N$ に縮小することを考える．縮小の場合は，解像度が低下するので複数の画素が縮小画像の一つの画素に対応することになる．縮小画像の濃度値の決定方法としては，以下の二つが代表的である（図 3.60 参照）．

（1） 縦横 $N-1$ 個飛ばしに画素を選び，その画素の濃度値を縮小画像の画素値とする（いわゆる**間引き処理**）．

（2） 縦横 N 画素（$N \times N$ 画素）の濃度値の平均値を計算し，その平均値を縮小画像の画素値とする．

ただし，画像の縮小は分解能を低下させるので，文字や記号など細かな情報は抜け落ちる可能性があるし，縞模様などの規則パターンに対しても不具合が予想される．したがって，用いる場合にはそれなりの注意が必要である．

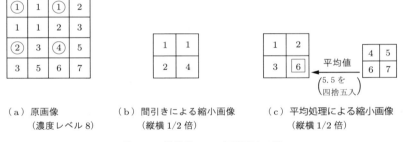

（a）原画像　　　（b）間引きによる縮小画像　　（c）平均処理による縮小画像
（濃度レベル 8）　　（縦横 1/2 倍）　　　　　　（縦横 1/2 倍）

図 3.60 整数分の 1 の画像縮小の例

90 度回転

画像の 90 度回転は至って簡単である．単に，走査方向を変えればよい．図 3.61 にそのやり方を図示する．

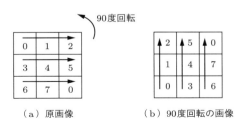

（a）原画像　　　　（b）90 度回転の画像

図 3.61 画像の 90 度回転の例

3.6.2 マスク処理 / 背景入れ換え

一般的に画像生成技術と結びついた画像合成技術は，コンピュータグラフィックス分野の処理技術となるが，以下のような画像合成は本書のディジタル画像処理技術とも共通する．
- 対象オブジェクト（たとえば，特定人物）だけを残して，背景を別の背景に入れ換える（以下では，**背景入れ換え**とよぶ）．
- 複数のオブジェクトを適当に配置して，1枚の画像に合成する（以下では，**オブジェクト合成**とよぶ）．

ここでは，複数の与えられた画像に対する比較的簡単な上記の画像合成手法について解説する．まず，ここでの画像処理手法のベースとなる**マスク処理**について説明する．なお，以下では対象を濃淡画像として説明するが，カラー画像に対しても同様な手法が適用できる．

マスク処理について

同一サイズの2枚の濃淡画像間において，位置が対応する画素どうしの濃度値間で算術演算や論理演算などの演算を行うことを**画像間**（または画素間）**演算**という．「マスク処理」は画素間演算の一種であり，任意形状で濃淡画像内の処理対象領域を指定するのに便利である．ここでは，**マスク画像** $\mathrm{MSK}(i,j)$ を画素値が0か1かの2値画像とし，濃淡画像 $f(i,j)$ とのマスク処理の結果の画像 $f_{\mathrm{MSK}}(i,j)$ を次のように定義する（**図 3.62** 参照）．

$$f_{\mathrm{MSK}}(i,j) = \begin{cases} f(i,j) & (\mathrm{MSK}(i,j) = 1 \text{ のとき}) \\ 0 & (\mathrm{MSK}(i,j) = 0 \text{ のとき}) \end{cases}$$

上記演算を実行すれば，f の画素に対して対応するマスク画像の値が0の画素は遮蔽

（a）もとの濃淡画像 　（b）マスク画像 　（c）マスク処理の結果
　　 $f(i,j)$ 　　　　　　　$\mathrm{MSK}(i,j)$ 　　　　　　$f_{\mathrm{MSK}}(i,j)$

図 3.62 マスク処理の例

（マスク）され，1の画素は透過されることになる．

なお，濃淡画像の濃度値が8ビットで表現されている場合，マスク画像の画素値を0か255と定義し，各ビットごとに濃淡画像とマスク画像との論理積演算を行うことにより上記のマスク演算を実行することもできる．

次に，上記のマスク処理を利用して，背景入れ換えおよびオブジェクト合成を行う方法を示す．

背景入れ換え

ここでは，2枚の画像 f_a と f_b が与えられるとし，f_a の中から所望のオブジェクト OBJ を抽出し，f_b を新たな背景としてその中にはめ込む．

Step 1 入力画像 f_a において対象オブジェクト OBJ を抽出する．ここでは，簡単のため人手により OBJ の輪郭をトレースするものとし，得られた OBJ のマスク画像を $\mathrm{MSK_{OBJ}}$ とする．そして，$\mathrm{MSK_{OBJ}}$ のマスク処理画像により OBJ 以外の領域の画素値を0に変換した画像を f'_a とする．

Step 2 $\mathrm{MSK_{OBJ}}$ を反転させたマスク画像を作成し $(\mathrm{MSK_{OBJ}})'$ とする．f_b に対して $(\mathrm{MSK_{OBJ}})'$ のマスク処理を施した画像を f'_b とする．

Step 3 オブジェクト OBJ を画像 f_b にはめ込む（OBJ の背景入れ換え）．具体的には，f'_a と f'_b の位置が対応する画素値どうしを足し合わせて新たに1枚の画像を合成する．この画素間加算は，$\mathrm{MSK_{OBJ}}$ の画素値が1の部分は f_a の画素値を選び，それ以外は f_b の画素値を採用することを意味する（図 3.63 参照）．

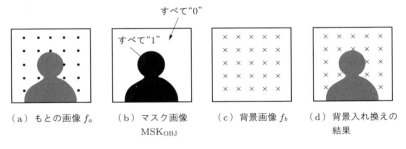

図 **3.63** 背景入れ換えの例

オブジェクト合成

ここでは，二つのオブジェクト $\mathrm{OBJ_1}$ と $\mathrm{OBJ_2}$ を重ね合わせて1枚の画像として合成するとし，$\mathrm{OBJ_2}$ の方を前景（視点から見て前方に位置している）とする．また，

オブジェクト OBJ_1 のマスク画像を MSK_{OBJ_1}，オブジェクト OBJ_2 のマスク画像を MSK_{OBJ_2}，背景画像を f_b とする．

Step 1 MSK_{OBJ_1} によるマスク処理を行い，OBJ_1 を f_b にはめ込む．処理内容は前述のオブジェクトに対する背景入れ換えと同様である．

Step 2 上記の結果に対し MSK_{OBJ_2} によるマスク処理を行い，さらに OBJ_2 をはめ込む．この処理も Step 1 の結果の画像を背景とみなせば，背景入れ換えと同様な処理で行える（図 3.64 参照）．

  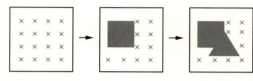

（a）オブジェクト 1　　（b）オブジェクト 2　　（c）背景画像 f_b へのオブジェクトのはめ込み
　　(OBJ_1) の画像 f_{a_1}　　　　(OBJ_2) の画像 f_{a_2}

図 3.64　オブジェクト合成の例

なお，上記のオブジェクト合成では，前景のオブジェクト（OBJ_2）を後景のもの（OBJ_1）の上に置くような処理を行ったが，2 枚の画像またはオブジェクトどうしを適当な割合で混ぜ合わせることもできる（特殊効果）．たとえば，位置が対応する濃淡値どうしを f_{a_1}, f_{a_2} とすると合成画像の対応画素の濃度値 f_r は次の計算式により得られる．

$$f_r = \alpha f_{a_1} + (1-\alpha) f_{a_2}$$

ここで，$0 < \alpha < 1$ である．

3.6.3　色変換（カラー画像処理）

ディジタル画像処理においては，カラー画像といえば RGB 表現が一般的であり，各画素に対応して R, G, B の各信号値が n ビットで表現される．このような三つの信号値が 1 組となった各画素の値は，直交座標系の各軸を R, G, B（各 2^n レベル）とした 3 次元空間内の 1 点として表される．RGB それぞれの信号値が 8 ビットで表現されているとすると全部で $(2^8 \times 2^8 \times 2^8)$ 通りの色数があることになるが，画像（ビデオ）メモリの表示色数の制約や人間にとってのわかりやすさの観点から色数を，たとえば 256 色などに削減したいときがある．

このような場合，$(2^8 \times 2^8 \times 2^8)$ 色から 256 色への色変換（**色間引き**）が必要になる．最も簡単な色変換の方法は，均等に上記の RGB 空間を分割することである（図3.65）．完全に均等に分けるのではなく，各軸ごとに分割数を変えてもよい．各分割領域（直方体）の代表色としては，平均値や頂点の値を選ぶのが実際的である．

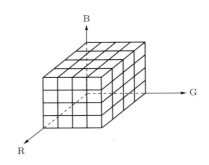

図 3.65 RGB 空間の分割例（64 色への色間引き）

一方，カラー画像の内容によって分割の仕方を変えて，できるだけもとの画像に忠実に色変換を行う方法（非線形な分割）もある．ここでは，2 分割を繰り返して指定された色数に色空間を分割する方法を紹介する．

繰り返し 2 分割による色空間の分割

Step 1 R, G, B の三つの信号値ごとに，それぞれヒストグラム（3.2.4 項参照）を計算する．

Step 2 上記で作成した RGB に対応する三つのヒストグラムにおいて，度数が 0 である（その信号値をもつ画素が画像中に存在しない）両端の信号値領域を除くことにより，RGB 空間において閉じた部分空間を作成する．そして，この部分空間を「注目空間」とする．

Step 3 注目空間（直方体領域）の辺の長さが最大の軸（RGB のうちの一つ）を求め，その最大辺に対するヒストグラムをもとに画素数が等分になるように注目空間を二つに分ける．この分割によって分割空間の総数が指定された色数になれば手順終了．そうでなければ次へ．

Step 4 これまでに得られている分割空間（直方体領域）に含まれる画素数を数え，最も画素数の多い分割空間を注目空間とする．Step 3 へ（図 3.66 参照）．

1 画素に対する表示用画像メモリのビット数が決まると，表現可能な色数は決定されるが，使用する色の種類の選択には自由度がある．あらかじめ決められた色数のも

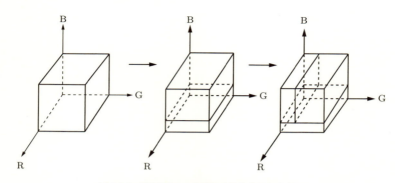

図 3.66 繰り返し 2 分割による色空間の分割例

とで，使用する色を選ぶために用意されるのが**カラーパレット**である．図 3.67 にカラーパレットの例を示す．カラーパレット機能は，4.2 節で述べるルックアップテーブル（LUT）を用いて実現できる．

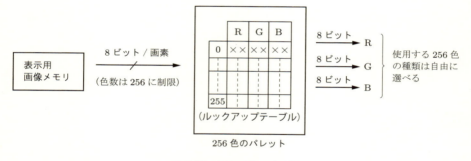

図 3.67 カラーパレットの例

なお，色彩を感覚としてとらえようとする場合，RGB 表色系は必ずしも適した表色系ではなく，人間の感性にあったものがいくつか提案されている．人間の感覚に合った表色系は，たとえば商品のデザインやグラフィックアートの作成，あるいはカラー画像の色調整などの作業を行う場合などに便利であるが，本書では省略する．

　カラー画像に対するディジタル処理は，濃淡画像に対する処理手法を単純に拡張すればよいことが多い．拡張の方法としては，次の三つが考えられる．実際には，(1) で間に合う場合も多い．
(1) カラー画像を何らかの方法で濃淡画像へ変換し，濃淡画像に対する処理手法を適用する．たとえば，NTSC 方式（米国の National Television Standards Commitee が策定した地上波アナログカラーテレビ放送における方式）では次の計算式により RGB 信号（RGB 画像）から輝度信号 Y（Y 画像）を求めている．

$$Y = 0.30\,\mathrm{R} + 0.59\,\mathrm{G} + 0.11\,\mathrm{B}$$

この計算式は，実験により人間の眼の明るさを感じる割合は，RGB に対して約 0.3 : 0.6 : 0.1 になっていることに基づいている．

（2） 濃淡画像用の処理手法をそのまま R，G，B の各画像にそれぞれ適用し，結果を統合する．（1）と同じになってしまうが，R，G，B のどれかの画像を選びその一枚に対する濃淡画像処理で事が足りる場合もある．

（3） RGB 表色系を HSV 表色系に変換する処理を最初に行ってから，（2）と同様に H，S，V の各画像に対して濃淡画像処理と同様な処理手法を適用する．HSV 表色系とは，色相（Hue：色合い），彩度（Saturation：鮮やかさ），明度（Value：明るさ）の三つで表す表色系のことである．この表色系で表すと，色相によって画像内の特定領域を抽出するといった画像処理がやりやすくなる．色相は環状に連続しており，0 度以上 360 度未満の角度で表す（画像処理ソフトウェアによっては，適当に正規化されている場合もある）．彩度は，明度を一定とした場合のその明度での無彩色からの距離を表し，大きいほど鮮やかな色（小さいほどくすんだ色）を表す．明度は明るさを表し，大きいほど明るい（小さいほど暗い）色を表す．RGB 表色系で表されたある画素 (R,G,B) を HSV 表色系 (H,S,V) へ変換する式は以下のようになる．以下の式では，R，G，B の三つの値の中で最大のものを Max，最小のものを Min，Dif = Max − Min と表し，明度と彩度を V = Max，S = Dif/Max と定める．H については，次の 3 通りに分かれる．

（i） Max = R のとき，H = $60 \times (G - B)/\mathrm{Dif}$
（ii） Max = G のとき，H = $60 \times (B - R)/\mathrm{Dif} + 120$
（iii） Max = B のとき，H = $60 \times (R - G)/\mathrm{Dif} + 240$

上記の変換は非線形変換であり，V = Max = 0 のときには S は定義されず，同様に Dif = 0 のとき，すなわち Max = Min のときには H が定義されないことに注意されたい．

3.6.4 線分（直線）生成

コンピュータグラフィックスにおいては，「線分（直線）生成」は基本的な処理の一つであるが，この本で取り扱うディジタル画像処理においても重要であるので基本的なことを紹介しておく．

線分生成は，線分近似といわば表裏の関係にあり，線分近似されたデータからもとの線分を再生したり，ノイズの影響で 2 値化の際に途切れてしまった線をつないで修

復するなど線図形処理ではよく用いられる．以下に，線分生成アルゴリズムの代表的なものの一つを示す．

線分生成アルゴリズム（Digital Differential Analyzer 法）

ここでは，格子点上において始点 S から終点 T に至る直線を生成（描画）することを考える．もし，連続座標値が可能な平面であれば，以下の式により，$n+1$ 個の点（S と T を含む）を発生させることができる．

$$P_0 = S$$
$$P_{i+1} = P_i + \Delta P \quad (i = 0, 1, \cdots, n-1)$$
$$\Delta P = \frac{1}{n} \cdot (T - S)$$

上式では，S, T, P_i は位置ベクトルとして表現してある．

問題は，格子点上，いいかえれば整数座標値の点列を発生させなければならないことである．以下では，説明を簡単にするため S を座標原点に取り，T は第 1 象限にあるものとし，

$$\Delta x = T_x - S_x, \quad \Delta y = T_y - S_y$$

と表現する（図 3.68）．

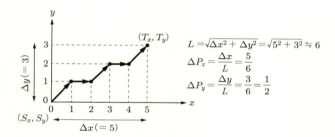

図 3.68 線分生成の例

このとき，

$$L = \sqrt{\Delta x^2 + \Delta y^2}$$
$$\Delta P_x = \frac{\Delta x}{L}, \quad \Delta P_y = \frac{\Delta y}{L}$$

と選べば，

$$0.5 \leqq \Delta P_x < 1 \quad \text{または} \quad 0.5 \leqq \Delta P_y < 1$$

であることが知られている．そこで，以下の手順により格子点上において始点 S から終点 T に至る n 個の点列が得られる．まず，

$$(P_0)_x \Leftarrow S_x, \quad (P_0)_y \Leftarrow S_y,$$
$$R_x \Leftarrow 0, \qquad R_y \Leftarrow 0$$

とおく．ここで，R_x，R_y は，演算の都度生じる剰余を保持する変数である．ステップごとの演算に利用し，誤差の累積を防ぐために用意されている．

次に，$i = 0, 1, \cdots, n$ について以下のことを行う．

・x 座標について

$$R_x \Leftarrow R_x + \Delta P_x$$

もし，$R_x < 1$ ならば

$$(P_{i+1})_x \Leftarrow (P_i)_x$$

そうでないならば，すなわち $R_x \geqq 1$ ならば，

$$(P_{i+1})_x \Leftarrow (P_i)_x + 1$$
$$R_x \Leftarrow R_x - 1$$

・y 座標についても上記と同様である．

$$R_y \Leftarrow R_y + \Delta P_y$$

もし，$R_y < 1$ ならば

$$(P_{i+1})_y \Leftarrow (P_i)_y$$

そうでないならば，すなわち $R_y \geqq 1$ ならば

$$(P_{i+1})_y \Leftarrow (P_i)_y + 1$$
$$R_y \Leftarrow R_y - 1$$

上記の手順により，

$$n = \max\{\Delta x, \Delta y\}$$
$$(P_n)_x = T_x, \quad (P_n)_y = T_y$$

となる．表3.1に $\Delta x = 5$，$\Delta y = 3$ のときの例を示す．

表 3.1　座標点列の計算例（$\Delta x = 5$，$\Delta y = 3$ のとき）

ステップ数	$R_x + \Delta P_x$	R_x	P_x	$R_y + \Delta P_y$	R_y	P_y
0	$0 + \frac{5}{6} = \frac{5}{6}$	$\frac{5}{6}$	0	$0 + \frac{1}{2} = \frac{1}{2}$	$\frac{1}{2}$	0
1	$\frac{5}{6} + \frac{5}{6} = \frac{10}{6}$	$\frac{4}{6}$	1	$\frac{1}{2} + \frac{1}{2} = 1$	0	1
2	$\frac{4}{6} + \frac{5}{6} = \frac{9}{6}$	$\frac{3}{6}$	2	$0 + \frac{1}{2} = \frac{1}{2}$	$\frac{1}{2}$	1
3	$\frac{3}{6} + \frac{5}{6} = \frac{8}{6}$	$\frac{2}{6}$	3	$\frac{1}{2} + \frac{1}{2} = 1$	0	2
4	$\frac{2}{6} + \frac{5}{6} = \frac{7}{6}$	$\frac{1}{6}$	4	$0 + \frac{1}{2} = \frac{1}{2}$	$\frac{1}{2}$	2
5	$\frac{1}{6} + \frac{5}{6} = \frac{6}{6}$	0	5	$\frac{1}{2} + \frac{1}{2} = 1$	0	3

3.6.5　閉領域の塗りつぶし

閉領域が与えられて，その内部の画素に特定の値（色）を付与する処理を，ここでは「塗りつぶし」とよぶ．いいかえれば，閉領域 R の塗りつぶしとは，R 内（輪郭線を含む）のすべての画素に一定の値 K を与えることと同義である．また，R は輪郭線情報として与えられ，たとえば，チェーンコード表現（3.5.1項参照）などを用いることができる．

塗りつぶし処理も線分生成と同様にコンピュータグラフィックスにおける基本的な処理の一つであるが，この本で取り扱うディジタル画像処理分野においても，閉図形に対する解析や認識ではよく用いられているので，以下に一つの簡単な方法（いろいろ考えられるが）を紹介しておく．なお，問題を単純にするため，ここでは穴のない（内側輪郭をもたない）閉領域を想定する．

■ 輪郭線内部の塗りつぶし

ここでは2値画像を考え，閉領域の輪郭線上の画素に対しては，その値が1に，それ以外の画素は0に設定されているものとする．また，閉領域の輪郭線は「チェーン

コード」としてすでに得られているとし,その内部の画素に対してその値を 0 から 1 に変換する手順を以下に示す.

Step 1 チェーンコードより,もとの閉領域の外接長方形を求める.その方法については,3.5.1 項を参照のこと.なお,格子点座標の系列として与えられたとしても,同様に計算可能である.

Step 2 外接長方形の内部のみを処理対象とすればよいので,この長方形内部をラスタ走査しながら,次のステップの処理を行う.

Step 3 輪郭線に囲まれた領域(**ラン**)を塗りつぶす.ランとは,一般的には,同じ画素値が連続する部分行または部分列のことをいう.ここでは,背景から図形へ入るときの輪郭点と図形から背景へ出る際の輪郭点に囲まれる 0 - 画素の連続領域を意味する.このランは 1 行に複数個存在する場合もあり得る(図 3.69 参照).

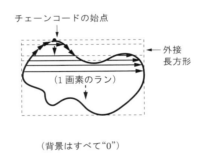

図 3.69 閉領域の塗りつぶし処理の例

■ 参考文献

[1] 田村秀行:"細線化法についての諸考察",電子通信学会研究会資料 PRL75-66, pp.49-56 (1975)
[2] 大津展之:"判別および最小 2 乗規準に基づく自動しきい値選定法",電子通信学会論文誌, Vol.J63-D, No.4, pp.349-356 (1980)
[3] 長尾真:"画像認識論" コロナ社 (1983)
[4] 長谷川純一,輿水大和,中山晶,横井茂樹:"画像処理の基本技法",技術評論社 (1986)
[5] 坂内正夫,大沢裕:"画像データベース",昭晃堂 (1987)
[6] 鳥脇純一郎:"画像理解のためのディジタル画像処理 (II)",昭晃堂 (1988)

［7］ 石井健一郎，上田修功，前田英作，村瀬洋："わかりやすいパターン認識"，オーム社 (1998)
［8］ 田村秀行（編著）："コンピュータ画像処理"，オーム社 (2002)
［9］ 酒井幸市："ディジタル画像処理の基礎と応用–基本概念から顔画像認識まで–"，CQ 出版社 (2003)
［10］ 石井健一郎，上田修功："続・わかりやすいパターン認識–教師なし学習入門–"，オーム社 (2014)

4章 画像処理技術の実現手法

第 3 章で画像処理の基本手法を詳細に説明した．この章ではこの手法を実際のソフト・ハードウェアで実現する具体的手法について説明する．また，高速画像処理システムを設計する際の処理アーキテクチャについても触れる．

4.1 はじめに

　この章では，前章で説明した画像処理の基本手法を実際のソフトウェア（プログラム）やハードウェアで実現する手法を説明する．具体的には，まず「ものづくり」におけるモジュール性の観点から，いくつかの部品的な演算・変換を紹介する．ここで「部品的な演算・変換」とは，様々な処理目的のために組み合わせて利用できる画像処理の共通演算モジュールを指す．そして次に，これらの画像処理モジュールの専用ハードウェア化やプログラミングの実現例を示す．さらに，実際の場面においていかに画像処理の基本手法を組み合わせて適用すればよいかの指針を与える．最後に，高速処理が要求される画像処理システムを設計する際の処理アーキテクチャについて説明する．

4.2 共通演算モジュールとは

　実用化されている画像処理手順を見ると，ある種の要素的な処理群を頻繁に実行したり，それらを組み合わせて用いていることが多い．要素的な処理とは，ソフトウェアで実現する際のサブルーチンやライブラリ，ハードウェア化する場合の共通的な回路モジュールに相当するものである．特に高速処理が要求される場合は，よばれる頻度が多く処理時間のかかるサブルーチンは専用ハードウェア化しなければならないので，最初からハードウェア化に適した形でプログラムがモジュール化されていることが望ましい．ここでは，このような観点からハードウェア化に適した共通演算モジュールをいくつか紹介する．

■ 画像間演算

　画像間演算とは，同一サイズの2枚の画像どうしで（正確には，位置が対応するすべての画素の値どうしで）算術演算や論理演算などの演算を行って結果の画像を出力する処理をいう（**図4.1**）．以下に，よく用いられる画像間演算の例を示す．

・加算
　　オーバフローに注意．たとえば，255以上は255とする．
・平均加算
・減算
　　アンダフローに注意．たとえば，0以下は0とする．あるいは最上位ビットを符号と解釈して，8ビット表現の場合は$-128〜+127$とするやり方もある．

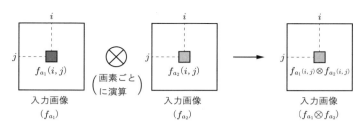

図 4.1　画像間演算の模式図

・差の絶対値
・論理積 / 論理和 / 排他的論理和

　基本的には，2値画像どうしにおいて定義される演算であるが，nビット多値（濃淡値）どうしの場合でも，対応するビット位置どうしで論理演算を行い，その結果をそのまま合成することで多値の演算に拡張できる．

データ変換

　データ変換とは，1枚の画像データ（入力画像）からデータ変換テーブル（一般的には，**ルックアップテーブル**とよばれる）を参照しながら，画素値ごとのデータ変換を行い，結果の画像データ（出力画像）をつくる処理をいう（**図 4.2**）．たとえば，ある画素の濃度値がKのときは，データ変換テーブルのエントリK番地の値$LUT(K)$に，その画素の値が変換されて出力される．したがって，もとの画像の濃度値が8ビット（256レベル）表現されている場合は，データ変換テーブルのエントリサイズは256必要となる．このようなデータ変換処理は，変換テーブルの値をあらかじめ所定の計算によって画像処理の目的ごとに求めておき，適宜変更することによって，コントラ

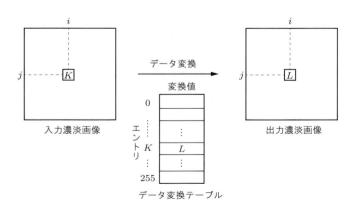

図 4.2　データ変換処理の模式図

スト補正（3.2.1項）やシェーディング補正（3.2.2項），濃度正規化（3.2.3項）など様々な画像処理（濃度変換処理）に用いることができる．濃度変換処理は，前述の入力画像の濃度値を正しくするための濃度補正や正規化以外にも，画像を人間にとって見やすくしたり見栄えを良くしたりするための画像濃度の加工に用いることができる．たとえば，**N 値化**（画像の濃度レベル数を現在より小さくする処理），**ネガ・ポジ変換**（画像の明るい部分と暗い部分を反転させる処理），**濃度レンジ変更**（画像における濃度値の取り得る範囲を部分的に拡大したり，縮小したりして見栄えを調整する処理）などが挙げられ，図 4.3 にそれぞれのデータ変換例を示す．

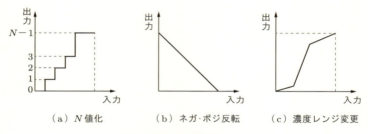

図 4.3 データ変換処理の応用例

論理フィルタリング

　論理フィルタリング処理の内容については，すでに 3.3.3 項で説明したが，ここでは，実際的な実現方法を紹介する．実現方法といっても難しいものではなく，上記のデータ変換の実現方法と同様に参照テーブル（ルックアップテーブル）方式を用いることができる．実際的という意味で論理フィルタは 3×3 の大きさのパターンであるとすると，そのパターン総数は 2^9 となり高々，512通りに対応した値を処理結果として用意すればよい．すなわち，512エントリをもつ参照テーブルを用意し，エントリに対応する論理フィルタリング処理の結果（0か1か）を記録しておく．実行時には，図 4.4 に示すように注目点を中心とした 3×3 画素の2値パターンから参照テーブルのエントリ番号を計算し，そのエントリ番地に記録されている値を出力値とする．

　なお，論理フィルタリング処理の拡張として，出力値を0と1以外に定義することも可能である．たとえば，3.3.7項で述べた端点（出力値1）や分岐点（出力値3），交差点（出力値4）などの特徴点を区別して検出したい場合などである．このような場合，0以外を出力した点の座標値をラスタ走査順に記憶させておくといった処理を加えると，座標位置検出も同時に行える．論理フィルタリングの応用として，この他にも孤立点検出や輪郭部のスムージング，膨張・収縮演算（3.3.3項），細線化（3.3.6項）などがあることはすでに述べたとおりである．

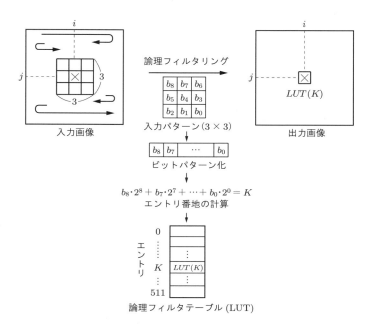

図 4.4 論理フィルタリング処理の模式図

線形フィルタリング

線形フィルタリング処理（空間フィルタリングの代表）についても，すでに **3.2.7** 項の平滑化のところで紹介したが，この処理もよく共通演算モジュール的に使用されるのでもう一度まとめておく．

線形フィルタリング処理の実現においては，多くの場合，3×3（5×5 の場合も一部ある）の重みパターンに対応して9個のエントリをもつテーブル（**重みテーブル**）に重み係数をあらかじめ記録しておく．そして，入力された濃淡画像に対してラスタ走査の順で，注目画素を中心とした 3×3 画素の局所領域内において位置が対応する画素の濃度値と重みテーブルの値との積和演算を実行し，その演算結果を注目画素の出力値とする（**図 4.5**）．

線形フィルタリングの応用としては，平滑化（局所平均など）のほかに，**3.2.8** 項および **3.3.1** 項で説明したエッジの強調や検出（各種の微分）がある．

その他

その他によく用いられる共通演算モジュールとしては，
- ヒストグラム計算（**3.2.4** 項）
- 射影演算（**3.3.8** 項）

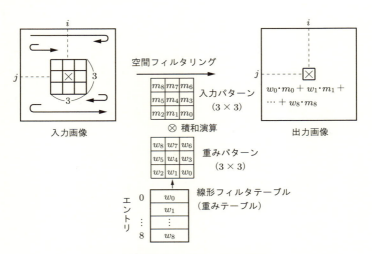

図 4.5　線形フィルタリング処理の模式図

・ラベリング（3.3.4 項）

などがあるが，処理内容についてはすでに述べたとおりである．

4.3　フィルタリング処理のハードウェア化

　論理フィルタリングや線形フィルタリングといったフィルタリング処理は，ディジタル画像処理において最も多用される**共通演算モジュール**である．しかし，画素ごとの演算処理であるため画像サイズが大きくなってくるとそれだけ時間がかかる．ここでは，これらのフィルタリング処理をハードウェア化（専用回路化）するための代表的な方式を紹介する．この方式は，**局所並列処理方式**とよばれている．

　図 4.6 に局所並列処理方式の概念図を示す．図のように，この処理方式は，$K \times L$ 画素の局所領域に対するデータアクセスと演算を並列化し，その局所処理をラスタ走査によってすべての画面に対して逐次的に行うものである．具体的な 3×3 画素の局

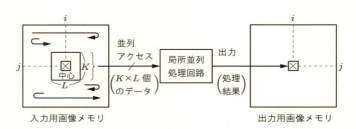

図 4.6　局所並列処理方式の模式図

所並列アクセスに対する実現例を図4.7に示す．入力用の画像メモリは，左上からラスタスキャンによりアクセスされるので，シフトレジスタ群の3×3の行列を見た場合，もとの3×3の行列とは上下左右が逆になることに注意されたい．論理フィルタリングと線形フィルタリングの処理の違いは，3×3画素の局所領域を並列的にアクセスした後の並列演算の仕方にあり，図4.8の（a）と（b）にそれぞれ実現例を示す．

なお，処理の考え方は単純であり，ソフトウェアで実現する際にも参考になると思われる．

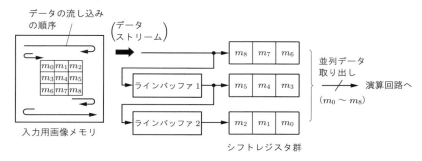

図 4.7　局所並列アクセス回路の実現例

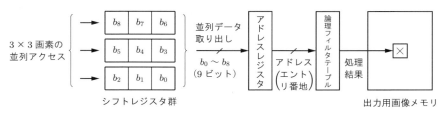

（a）論理フィルタリングの場合

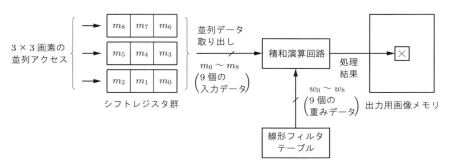

（b）線形フィルタリングの場合

図 4.8　フィルタリング回路の実現例

4.4 プログラム手法

ここでは，画像処理の基本手法を組み合わせて実際の画像処理プログラムを作成する際の留意点をいくつか述べる．ポイントは，処理に必要なメモリ容量をどのようにして低く抑えるかというメモリ節減の手法と，いかにして処理の無駄を省くかという高速化の手法である．

4.4.1 メモリ節減

画像処理において通常，最大のデータ容量を占めるのは，ディジタル画像を内部表現するための画像配列である．このために必要なメモリ容量は，画像サイズと濃度レベル（配列要素のビット長）に依存する．ディジタル画像のビット数は，8ビットで使用されることが多いが，画像配列を整数型配列とするか実数型配列（たとえば，フーリエ変換などにおいて三角関数との演算を実行するような場合は実数型とする必要がある）と定義するかが一つのポイントである．また，整数データとしても原画像のビット数を処理過程で超える可能性もあるので，処理全体で必要なビット数の上限にちょうど見合う配列を確保するとメモリ効率がよくなる．さらに，コンピュータの処理単位（1ワード）が2バイトのとき，8ビット濃度値ならば2画素分のデータを1ワードに詰め込むことでメモリ容量を削減できる．このような詰め込み処理を**パッキング**（もとに戻す処理は**アンパッキング**）とよぶ．

次に，論理フィルタリングや空間フィルタリングといった共通演算モジュールを用いて画像処理全体を局所処理の組み合わせで実現できるような場合について述べる．このような場合には，画像全体をいくつかのブロック（部分画像）に分割して，各ブロックごとに処理を行えばメモリを節約できる（**分割処理手法**などとよばれる）．すなわち，現時点で必要なブロックだけを主メモリにロードし，画像全体は外部記憶上（磁気ディスクなど）に置く．注意すべきは，単純にブロック分割するのではなく，ブロックの境界部を重複させておかなければならない場合がある点である．たとえば，ブロックの境界線上の画素では3×3画素のフィルタリング処理が実行できない（一般的に，画像の周辺境界ではこのことがいえる．通常，画像の枠外の値は0とみなすなどの便宜的措置がとられる）ので，この場合は1画素幅の縁取りが必要となる．

上記のほかにも，ノウハウやプログラミング技法に近い手法もある．たとえば，プログラムモジュール間で共通に用いる変数や配列があれば，それらは共通領域にとっておくといった類の手段などである．

4.4.2 高速化

処理プロセッサそのものが段々と高速化しているので，ソフトウェアは放っておいてもそれなりに速くなっていくとはいっても，画像処理をソフトウェアで実現する際に無駄な計算をしないように注意することはやはり重要である．ここでは，一例として $K \times L$ 画素領域内の平均値計算による平滑化処理をソフトウェアで実現する際の具体的な高速化手法を示しておく（手法というよりは技法・ノウハウに近い）．

■ 局所平均値計算による平滑化処理の高速実現手法

入力画像 f_a に対して，それぞれの画素ごとにその画素を中心とした $K \times L$（K と L は奇数であるとする）画素領域内の平均値を計算し，出力画像 f_r を求めるものとする．通常は，f_r の1画素の値を得るには $(K \times L - 1)$ 回の加算と最後に除算を1回（$K \times L$ で割る）行わなくてはならないが，ラスタ走査の順番で画素を移動させていく場合，次の画素（すぐ右隣）の計算には現在の計算結果を流用して演算回数を減らすことができる．すなわち，図 4.9 に示すように現在の注目画素の出力値（平均値計算の結果）から左端1列の合計値を引き，右端の新たな1列の合計値を足せばよい．つまり，中間の $(L-1)$ 列の計算は重複しているのである．実際にプログラミングする際は，作業用として1次元配列を用意するなどの工夫が必要であるが，このような考え方でプログラムを作成すれば，$(K \times L)$ の値や全体の画像サイズが大きいほどかなりの無駄が省けることになる．

なお，上記の平均化処理は，一様重みの線形フィルタリング処理と等価であるので，このような処理にも同様な手法が適用できる．

実際の場面では，何らかの工夫によって画像処理ソフトウェアをもっと高速にでき

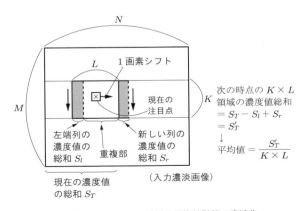

図 4.9 $K \times L$ 領域の平均値計算の高速化

ないかとその都度悩むことになる．その際，上記の例のように，ポイントは画素ごとの繰り返し処理で重複処理をしていないか，無駄なことをしていないかを検討してみることである．画像処理アルゴリズムそのものを高速化するのは，一般的にはそれほど簡単ではないが，プログラミング技法的には，たとえば，画像処理のプログラムではよく見かける繰り返し（do ループ）処理においてループ中の不変式をその外に追い出すと計算効率がよくなるといった類のものが考えられる（ただし，do ループの例はコンパイラが同等の最適化をしてくれるかもしれない）．

4.5 基本手法の組み合わせ

第 3 章では，画像処理の基本手法を次のように五つのグループに分けて解説した．
・画像処理グループ 1：画像補正・画質改善・画像強調に関する基本手法
・画像処理グループ 2：特徴抽出・計測・解析に関する基本手法
・画像処理グループ 3：照合・判別・分類に関する基本手法
・画像処理グループ 4：蓄積・管理・検索に関する基本手法
・画像処理グループ 5：変換・合成・生成に関する基本手法

しかし，これらの基本手法を実際に現場の画像処理システムに応用するときには，それらを状況に応じて組み合わせなければならない．あるいは，定石的な組み合わせ手順を知っていないと個々がうまく働かないこともある．ここでは上記のグループ構成をベースに，定型的な基本手法の組み合わせ手順をいくつか紹介する．

まず，画像処理グループ 1 は他の画像処理グループに属する基本手法の前処理として機能することが多い（図 4.10）．入力された画像を最初の段階で正しく，または人間にとって見やすくしておくことは後段の処理にとって重要であるからである．また，

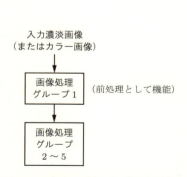

図 4.10　画像処理グループ 1 の組み合わせ手順における位置づけ

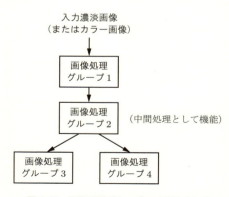

図 4.11　画像処理グループ 2 の組み合わせ手順における位置づけ

後段への影響がよくわからない場合でも，とりあえず最初の画像をきれいにしておくに越したことはない．しかし，最初から理想的な画像が入ってくるならば補正は不要となる．

次に，画像処理グループ2に所属する基本手法はグループ3や4に属する基本手法を適用するための，どちらかといえば中間的な処理として位置づけられることが多い．この様子を図4.11に示す．このことは，グループ2の基本手法が本書での基本手法において中核をなしていることを意味する．特に，**2値化**はコンピュータ処理の効率上，濃淡画像（拡張すればカラー画像）から2値画像へ画像の情報量を落とす（逆にいえば，目的に必要な情報のみを取り出す）ために必ず実行する処理であり，処理手順におけるゲートのような位置づけにある．したがって，定型的な組み合わせ手順も2値化が中心になっているものが多い．

このような一例を図4.12に示す．この例は，与えられた濃淡画像を2値化した後に，膨張と収縮演算による2値ノイズ除去 → ラベリング → 各ラベルに対応する連結図形解析 → ディシジョンツリー法（連結図形の分類）と連続的に行うものである．特

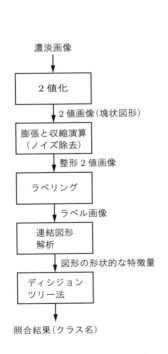

図4.12　塊状図形に対する処理の組み合わせ手順の例

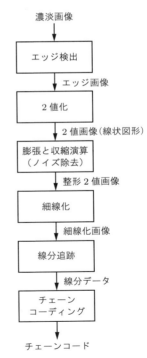

図4.13　線状図形に対する処理の組み合わせ手順の例

に,「2値化 → 膨張と収縮演算による2値ノイズ除去」と「ラベリング → 各ラベルに対応する連結図形解析」の二つの連続ペアはしばしば使われている.しかし,ノイズが少ないことがあらかじめわかっているならば,膨張と収縮演算による2値ノイズ除去の処理は省略可能である.ここで,ディシジョンツリー法は画像処理グループ3に属する基本手法であることに注意願いたい.つまり,この処理全体の目的は最後の分類にあり,それ以前のグループ2に属する手法群はあくまで中間処理的な位置づけとなる.

前述の例は,広がりをもった面的な図形(ここでは,塊状図形と単によぶ)に対する処理の組み合わせ手順であるが,面的な広がりをもたない線状図形に対する定型的な組み合わせ手順は,図 4.13 のようになる.この例は,与えられた濃淡画像に対して,エッジ検出 → 2値化 → 膨張と収縮演算による2値ノイズ除去 → 細線化 → 線分追跡 → チェーンコーディングと連続的に処理を行って,符号データ(チェーンコード)集合を結果として得るものである.最後のチェーンコーディングは画像処理グループ4の基本手法であることに注意されたい.ここでの,「エッジ検出 → 2値化」と「線分追跡 → チェーンコーディング」の二つの連続ペアは,特によく使われている.しかし,エッジ検出は,与えられた濃淡画像に対してエッジ部分を強調して取り出すことによって線状図形化する処理であるので,最初から濃淡画像が線状画像であるならば,

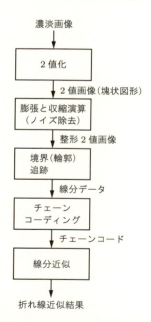

図 4.14 輪郭情報を取り出す処理の組み合わせ手順の例

このエッジ検出は不要である．

さらに，**図4.14**に線分情報を取り出す定型処理の別の組み合わせ手順を示す．この例は，与えられた濃淡画像に対して，2値化 → 膨張と収縮演算による2値ノイズ除去 → 境界（輪郭）追跡 → チェーンコーディング → 線分近似と連続的に組み合わせるものである．ここでは，境界追跡により線分データに変換した後，「チェーンコーディング → 線分近似」（画像処理グループ4の基本手法）の連続ペアによって符号化している．なお，チェーンコーディングを行わず，直接，線分近似を行う場合もあり得る．

上述の組み合わせ手順以外にも画像処理手順は数多く存在するが，少なくとも上の手順は広く使われているものなので，実際の応用場面での参考にしていただきたい．しかし，最終的には，実際の処理結果を評価しながら試行錯誤によって処理手順を最適に設計する以外に，確実な道は現在のところないように思われる．

4.6　高速処理アーキテクチャ

画像処理装置を設計する際のポイントは，システムとしての柔軟性・拡張性と要求される処理速度とのバランスをどのように取るかである．柔軟性や拡張性を重視する場合は，ホストCPU処理や専用DSP処理（高速浮動小数点演算回路）などによるソフトウェア処理を中心とするのがよい．しかし，画像入力速度（ビデオレート）に合わせたリアルタイム処理が要求される場合には，すべての処理を専用回路化せざるを得ないこともある．また，両者の中間の考え方を取ったホストCPU処理＋専用処理回路（DSPを中心に構成されることもある）という形態も考えられる．

ここでは，ディジタル画像処理において高速性が要求される場合の処理アーキテクチャについて述べる．高速処理アーキテクチャとしては，**並列方式**と**パイプライン方式**の二つに大別できる．なお，「並列方式」や「パイプライン方式」の基本概念は，画像処理に限らず一般的なデータ処理に通用するものであるが，以下では2次元データであることを特徴とする画像データに適用する際の考え方を説明する．

4.6.1　並列方式

画像データの各画素に対して並列にデータアクセスし，かつ並列処理することにより高速化を図る方式である．この方式の理想形態は，画像全体を同時に処理する**完全並列処理方式**である．すなわち，2次元画像データの各画素ごとに画像処理モジュールを1：1で対応させ，各モジュールを同時に並列動作させる（**図4.15（a）**）．しかし，完全な並列化は画像サイズに相当する数の画像処理モジュールが必要であり，現実的

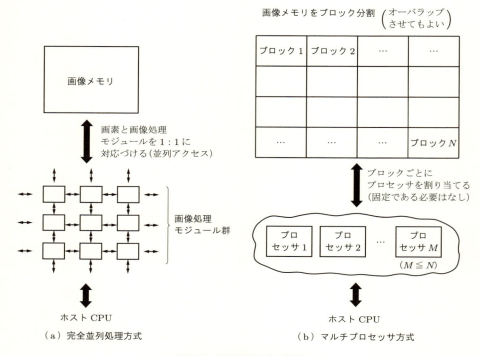

図 4.15 並列処理方式の模式図

ではない．実際にしばしば採用されるのは，画像全体をいくつかのブロックに分割し，それぞれのブロックごとに処理プロセッサを割り当てる**マルチプロセッサ方式**である（図 4.15（b））．

4.6.2 パイプライン方式

　パイプライン方式とは，一般的には，画像処理全体をいくつかの処理モジュールに分解し，それらをオーバラップさせて実行し高速化を図る方式をいう（図 4.16）．図において，オーバラップしている部分が並列処理であり，この部分が多ければ多いほど高速化が達成されることになる．この方式は，見かけ上，処理モジュールが 1 本につながれた形になるので処理全体を 1 本のパイプラインに例えてこのようによばれる（図 4.17）．この方式では図のように，画像メモリからのデータが，パイプライン状に接続した処理モジュールに連続的に流し込まれ，ある遅延時間後に順番に処理結果が得られる．

　このような方式に向いた画像処理としては，4.3 節で述べたフィルタリング処理が

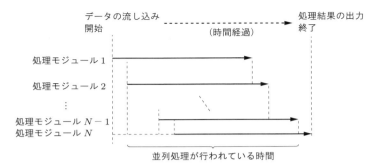

図 4.16　パイプライン方式による高速化の例

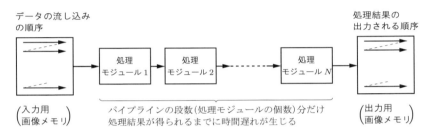

図 4.17　パイプライン方式の形態例

挙げられる．すなわち，複数種類のフィルタリング処理を連続して実行させたいような場合である．たとえば，膨張・収縮演算を行う論理フィルタリング（3.3.3 項参照）を所定回数実行させたいときは，その回数分の論理フィルタリングモジュールを並べればよい（図 4.18）．

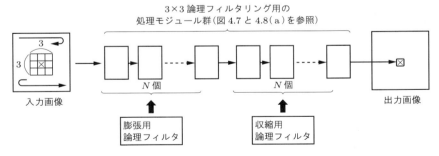

図 4.18　（N 回の膨張 → N 回の収縮）演算を論理フィルタリングの
　　　　　パイプライン方式により実現した例

　図の例では，膨張用と収縮用の 2 種類の論理フィルタテーブルを用いて，それぞれ N 回ずつの論理フィルタリング処理を実行するパイプライン方式回路を実現している

(3.3.3項で説明した「切断」,「切れ込み」,「穴あき」などのノイズ除去).図では簡単のため,論理フィルタテーブルを共通データとして参照する形で示したが,実際には個々の論理フィルタリングモジュールの中に別々に用意されるべきものである.したがって,それぞれのモジュールごとに異なる論理フィルタテーブルをもつような処理も可能である.

また,図には示されていないが,たとえば,3×3画素の論理フィルタリング処理を行うのであれば,各モジュール間には,4.3節ですでに説明したようにラスタ走査ライン2本分のデータを一時記憶するためのラインバッファを設けてパイプライン接続をする必要がある.なお,$K×L$画素の局所処理に拡張する場合は,$(K-1)$本分のラインバッファ用メモリを用意することになる.いいかえれば,局所処理であれば全画面の処理が完了するまで待つ必要はなく,数本分のラインバッファメモリを間に置いたパイプライン方式により次々と連続的に一連の処理を並列実行することができる.

一方,この処理方式は,データ処理経路(処理手順)がある程度固定されてしまうので,入力画像ごとに処理内容が異なるような画像処理システムには不向きである.

■ 参考文献

[1] 近藤隆志,岡崎彰夫,田端光男,森和宏,恒川尚,川本栄二:"高速画像処理ハードウェアを備えた論理回路図読取装置の開発",情報処理学会論文誌,Vol.28,No.4,pp.384–394 (1987)
[2] Akio Okazaki, Shigeyoshi Shimotsuji, Osamu Hori, Shou Tsunekawa, Atsushi Yukawa: "Image–based geographic information system using optical disks", SPIE, Vol.1258, Image Communication and Workstations, pp.66–77 (1990)
[3] 飯尾淳:"Linuxによる画像処理プログラミング",オーム社 (2000)
[4] 宮本幸昌,谷口恭弘,宮森高:"車載画像処理用システムLSIによる衝突防止システム",東芝レビュー,Vol.58,No.12,pp.54–57 (2003)
[5] 土井滋貴:"はじめての動画処理プログラミング",CQ出版社 (2007)
[6] 赤間世紀:"Javaによる画像処理プログラミング",工学社 (2007)
[7] 松村正吾:"MATLABによる画像&映像信号処理",CQ出版社 (2007)
[8] 奈良先端科学技術大学院大学OpenCVプログラミングブック制作チーム:"OpenCVプログラミングブック 第2版",毎日コミュニケーションズ (2009)
[9] 井上誠喜,八木伸行,林正樹,中須英輔,三谷公二,奥井誠人:"C言語で学ぶ実践画像処理 Windows/ X–Window対応",オーム社 (2008)
[10] 昌達慶仁:"詳解 画像処理プログラミング",ソフトバンククリエイティブ (2008)
[11] 杉浦司,中村薫:"Kinect for Windows SDK 実践プログラミング",工学社 (2013)
[12] "FPGAマガジン No.6 カメラ×画像処理×FPGA",CQ出版社 (2014)

5章 画像処理技術の応用事例

この章では，これまで紹介した画像処理技術を組み合わせた代表的応用例について紹介する．事例としては各種手法の特徴を十分生かしたものを取り上げる．

5.1 はじめに

この章では，第3章や第4章において説明したディジタル画像処理の基本手法や実現手法の応用事例をいくつか紹介する．これらは，画像処理技術の応用としてこれまで実績のある分野，もしくは今後有望な分野から選んだものである．画像処理技術の応用分野は多岐にわたるが，ここで紹介する事例が参考になる場合も多いはずである．

各事例においては，事例ごとに画像処理の目的が異なっているので，それぞれの目的に応じて基本手法を組み合わせ，全体としての画像処理手法を構成する必要がある．各事例の中で紹介している具体的な画像処理手法を以下にまとめて列挙しておく．これらの画像処理手法は，基本手法のさらに上位の手法ととらえることができる．

- ラスタ・ベクタ変換（5.2節）
- 非線形な画像補正（5.3節）
- オブジェクトの動的輪郭抽出（5.4節）
- 統計的な画像内変化検知（5.5節）
- 動画像解析によるオブジェクト追跡（5.6節）
- 動画像解析による人物挙動検知（5.7節）
- 手の形状認識（5.8節）
- 画像パターン照合に基づく記号図形認識（5.9節）

5.2 地図の自動読み取り（ラスタ・ベクタ変換）

画像の内容が図面や地図などの線図形情報である場合には，画素の集まりとして表現する（**ラスタ画像**）より，線分の集まりとして表現（**ベクタ画像**）した方が編集や管理において都合がよいことが多い．たとえば，コンピュータを利用した都市計画システムにおいては，建物をその属性（階数，耐火構造種別，用途区分など）ごとに色分け表示（閉領域の塗りつぶし処理）するといった機能が現況把握のために有効となるが，この際に画像をベクタ表現に変換しておけば処理が非常に簡単となる．一般的にラスタ画像における図形情報をベクタ形式に変換することを「ラスタ・ベクタ変換」とよぶが，画像処理技術を使って自動的にこの変換を行う機能を搭載した装置が実用化されている．ラスタ・ベクタ変換ではデータの削減が期待できることから，これを一種の情報圧縮処理としてとらえることもできる．

ここでは，地図における建物図形（図5.1）を取り上げ，具体的なラスタ・ベクタ変換の手順を示す（文献[3]）．

図 5.1　地図における建物図形の例（ラスタ画像）

■ 建物図形のラスタ・ベクタ変換手順

　処理手順は，大きく前処理，建物図形の検出，折れ線近似の三つに分かれる．建物図形の検出は前節のシンボルの検出処理と似ており，閉領域（閉ループ）を手がかりとする．詳細な画像処理手順を以下に示す．

手順1：前処理

[手順1-1] 入力画像の2値化

　あらかじめ実験的または経験的に決めた固定しきい値で入力画像を2値化（3.3.2項参照）する．

[手順1-2] 画像の平滑化

　論理フィルタリングによる膨張と収縮演算を用いて，2値画像を平滑化する（3.3.3項）．ここでの処理目的も前節の論理回路図面と同様，積極的に図形を構成する線の切れやかすれ，つぶれなど（2値化後のノイズ）の補正を行うことである．

手順2：建物図形の検出

[手順2-1] 内側輪郭線の抽出

　境界追跡（3.3.7項）により特定の（あらかじめ定められた範囲の）周囲長をもった閉ループを検出する．通常，閉図形領域の検出にはラベリング処理がよく用いられるが，対象が線図形の場合は背景領域の占める割合が多いので境界追跡を流用した方が効率がよい．ここでのポイントは，高精度の折れ線近似図形を求めることが最終目的

であるので,形状が比較的安定している内側輪郭を抽出した後,内側から数画素(ここでは線幅は既知とし,その半分を目安とする)削った図形境界を建屋図形の候補とするといった巧妙な手順を採用している点である.数画素分削るには,収縮処理(3.3.3項)を行わなくてはならないが,ここでの組み合わせ手順では論理フィルタリング処理よりも,境界追跡を繰り返しながら削っていく方が効率がよい(論理フィルタリング以外の実現方法もあることに注意).

[手順2-2] 特徴点検出

　検出された閉図形(建物図形の候補)に対し,90度に近い角点(許容範囲をもたせて,たとえば120度以下の角度をもつ点とするのが実際的)を特徴点として検出する(この処理は,3.5.2項で紹介した角点検出処理を拡張応用して実現できる).4個未満の特徴点をもつ閉図形は候補から除く.

[手順2-3] 建物図形かどうかの判別

　候補閉図形に対し,いくつかの特徴量を求め建物図形であるかどうかの最終判別を行う.ここでは,特徴量として外接長方形の大きさと複雑度(3.3.5項で紹介した(周囲長)$^2/(4\pi \times 面積)$ によって定義される特徴量)の二つを用いる.

手順3:建物図形の折れ線近似(整形処理が中心)

　上記[手順2-2]で得られる折れ線図形は通常,ノイズの影響を受け,形が微妙に変動している.そこで,検出対象とする図形の一般的(ジェネリック)な形状知識を用いて整形処理を施す.すなわち,建屋図形の場合,平行線ペアにより構成されるという知識を用いて角点の座標位置を許容範囲内で動かすという操作により整形を行う.

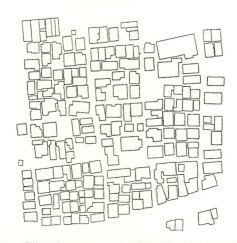

図 5.2　建物図形のラスタ・ベクタ変換結果の例(ベクタ画像)

このときの許容範囲は線分の半分とするのが自然である．

図 5.2 に，以上の画像処理手順を実行したラスタ・ベクタ変換結果の一例を示す．このようなベクタデータの描画表示には，3.6.4 項で紹介した線分生成手法を用いることができる．

5.3 画像の自動つなぎ合わせ

広範囲の詳しい地形情報を何枚もの地図に分けて図面化するのと同じく，大きな画像情報はメッシュ状に分割して扱うのが普通である．また，もともと 1 枚の大画像であったとしても，画像スキャナの制約から分割入力せざるを得ない場合もある．しかし，分割図面ごとに入力した際，種々の原因により非線形な歪みを受け，アフィン変換のような線形補正を施したのでは十分回復できないことが知られている（図 5.3（a）参照）．すなわち，分割画像どうしの境界線上においてつなぎ目が発生し不自然に感じられる．そこで，分割画像に対するつなぎ合わせ処理が必要になってくる．ここでは，このような処理を自動的に行う画像処理手順を紹介する（文献[2]）．この手順は，アフィン変換による初期補正，つなぎ合わせのための対応点の自動抽出，対応点に基づく画像補正（台形変換）の三つから構成され，以下でおのおのについて詳細に説明する．

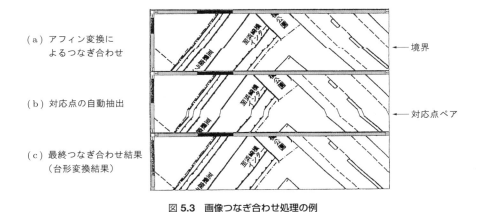

図 5.3　画像つなぎ合わせ処理の例

なお，入力画像に対する前処理（2 値化，平滑化）は，前節の地図の自動読み取りのときと同様であるので説明を省略する．

画像の自動つなぎ合わせ手順
手順1：アフィン変換による初期補正
あらかじめ各分割図面の正規のメッシュ位置はわかっているので，まず3.2.5項で紹介した**アフィン変換処理**によりすべての入力2値画像を正規化（幾何補正）しておく（図5.4）．

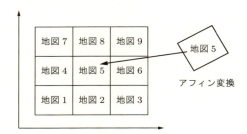

図5.4　アフィン変換による初期補正（正規化）の例

手順2：対応点の自動抽出
隣接する2枚の画像の対応する境界線上において対応点候補を自動抽出する．ここでは，対象を2値画像とし，境界線上で黒画素が連続している部分の中点（境界線上で切られた線の代表端点を意味する）を候補に選ぶ（図5.3（b）参照）．得られる2組の候補点列を

$$\{P_i\} = \{P_1, P_2, \cdots, P_n\}$$
$$\{Q_i\} = \{Q_1, Q_2, \cdots, Q_n\}$$

とする．そして，対応点ペアの自動検出問題を次のような条件のもとで最大個数の対応点ペアを求める問題に帰着させる．

対応づけの条件
・対応づけは1対1である．
・対応づけは順序関係を保存する（対応づけされた点どうしを枝で結んだとき，その枝は交差しない）．
・対応づけされた点どうしの位置の距離ずれは，あらかじめ定められた許容限度内である．
・対応づけされた点の近傍パターンどうしの画像相関（3.4.2項参照）は，あらかじめ定められたしきい値以上である．

上記の最適化問題を解くことにより対応点を自動的に求めることができる．たとえば，線形計画法などの数理的な最適化手法が適用できるが候補点の数がそれほど多くなければ総あたりでもなんとか処理できる．図 5.3（b）に自動対応づけの例を示す．実際にはエラーも起こり得るので，最後にユーザーが確認と修正を行うような対話システムとして実現する．

手順3：つなぎ合わせ補正（台形変換）

対応づけの結果に基づいて画像の幾何変換を行うことにより画像をつなぎ合わせる．たとえば，図 5.5 に示すように Q_1 を P_1 の位置に，Q_2 を P_2 の位置に補正したいとする．このとき，A を A′ に，B を B′ に，C を C′ に変換する．この変換は，矩形を台形に変換するので「台形変換」とよぶことにする．台形変換は1ラインずつ縮小または拡大を行うことにより実現できる．

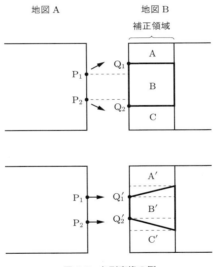

図 5.5 台形変換の例

台形変換の利点は，処理領域の境界線上においては隣り合う画像が境目なく連続的につながり，その他の3辺については座標位置が変化しないので，それまでに行ったつなぎ合わせ処理には影響を与えないことである．この補正処理をすべての境界について行えば，1枚の連続した画像が得られることになる．図 5.3（c）に台形変換の結果を示す．

5.4 オブジェクト輪郭の自動抽出（背景入れ換え）

近年のコンピュータ技術の目覚ましい進歩により，よりリアルで見栄えのよい映像を生成したり，実写と合成したりすることがかなり容易になりつつある．そのため，デザイン，プレゼンテーション，シミュレーション，情報の可視化などの分野でインタラクティブな映像生成・合成技術が用いられるようになってきている．また，ゲームはいうまでもなく，電子図書館，電子美術館，バーチャルショッピングといったVR（バーチャルリアリティ）とよばれる技術の応用分野においても，対話応答性にすぐれた映像生成・合成技術が必須のものとなっている．

ここでは，画像合成における操作効率を向上させることを目的として，背景入れ換えなどのためのオブジェクト輪郭の自動抽出技術を紹介する．

画像中に写っている，たとえば人物などのオブジェクトの輪郭を抽出することは，背景を入れ換えたり，オブジェクトを合成したりする場合の前処理として重要である．通常用いられる簡単な方法として，ブルーの背景の前に人物や小道具などのオブジェクトを置いて撮影した後，ブルーの色相情報をもつ部分に別の映像をはめ込むというものがある．この方法を用いた技術は**クロマキー技術**とよばれている．伝統的にブルーを背景のキー情報として用いるのは，肌色の補色で人物像への影響が少ないからである．しかし，ブルーを背景としなくても，背景が比較的単純であり，対象オブジェクトの輪郭コントラストがある程度確保されていれば，オブジェクト輪郭を自動抽出することが可能である．

ここでは，「動的輪郭モデル」（図5.6参照）に基づいて，画像から輪郭を精度よく自動抽出する画像処理手順を紹介する（文献[5]）．入力画像は，説明の簡単さからモノクロ画像とするが，カラー画像に対しても容易に拡張できる．

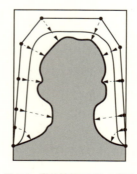

図5.6 動的輪郭モデルの概略

オブジェクト輪郭の自動抽出手順

手順 1：初期輪郭の生成

まず，初期輪郭（動的輪郭の初期値）を生成する．ここでは，入力濃淡画像（3.6.3 項で紹介した方法を用いてカラー画像から変換してもよい）には一人の人物の上半身が撮像されているとし，輪郭を両端を固定した折れ線としてモデル化する．このような前提のもとで，次の処理を行う（**図 5.7**）．

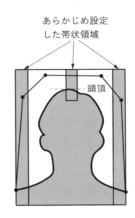

図 5.7 初期輪郭の生成例

（1） 画面内のあらかじめ設定した帯状領域内において，原画像およびエッジ画像（原画像に対し微分演算を施した多値画像を指す．3.3.1 項を参照のこと）の**投影演算**（3.3.8 項）を行う．
（2） 投影パターンより人物の肩と頭頂部の高さを検出する．
（3） これらの位置情報を用いて初期輪郭を自動生成する．

手順 2：輪郭ベクトルの動的生成

現在の輪郭ベクトル（最初は手順 1 で求められたベクトル）上に配置された複数の制御点を以下の式に示すベクトル V_k だけ移動させる（**図 5.8**）．

$$V_k = a_k \cdot P_k + b_k \cdot Q_k + c_k \cdot R_k$$

P_k：制御点 k の近傍のエッジ強度（微分値）極大点へ向かうベクトル
Q_k：制御点 k の弾性釣り合い位置（近傍の二つのベクトルの合力方向）へ向かうベクトル
R_k：制御点 k での輪郭に垂直な人物へ向かう固定長ベクトル

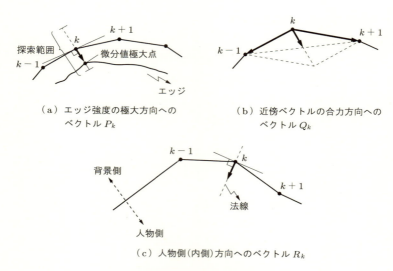

(a) エッジ強度の極大方向へのベクトル P_k

(b) 近傍ベクトルの合力方向へのベクトル Q_k

(c) 人物側（内側）方向へのベクトル R_k

図 5.8　輪郭ベクトルの移動のさせ方

a_k, b_k, c_k は重み係数であり，背景部分の不要なエッジにとらわれず，速やかに真の人物輪郭に移動するように近傍のエッジ強度により動的に変化させる．

手順3：動的生成の繰り返し

輪郭の移動が収束するか，あらかじめ設定された回数を超えるまで手順2の処理を繰り返す．制御点は輪郭の全長の変動に応じてあらかじめ設定された細かさで逐次，再配置（等間隔配置）する（図5.6）．

5.5　画像内変化の自動検知

一般的に，従来の重要施設監視においては，複数設置された監視カメラからの映像を監視センターのモニタに表示して，監視員がその画面を見て不審者や異常状態を監視している．監視カメラが数十台にもなる場合は，費用対効果の観点からモニタの数を節約するためカメラ切り換え方式がとられることが多い．このような方式のシステムでは，監視員がモニタを凝視する負担やカメラ切り換え時の表示されていない画面での異常状態の見落としなどの問題点があり，自動化が望まれている．しかし，自動化といっても付加する画像認識機能によって，次のようにいろいろなレベルが考えられる．

（1）画像内の何らかの変化を異常として検知する．
（2）移動物体（侵入物体）だけを検知する．

（3）移動人物（侵入者）だけを検知する．
（4）顔画像を切り出し，個人認識を行う．
（5）顔の表情や，身振り・手振りなどの挙動を認識する．

現状では，（1）〜（4）は実用済み（あるいは実用段階）であり，（5）はまだ研究段階であるが実用化が近づいている．

ここでは，上記の（1）の例として画像をいくつかのメッシュに分割し，メッシュごとに変化があったかどうかを判定するための，価格性能比がよい画像処理手順を紹介する（図 5.9）．

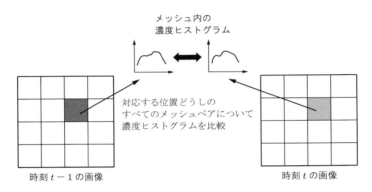

図 5.9 メッシュ分割による画像内変化検知の概略（16 分割メッシュの例）

メッシュ分割による画像内変化検知の手順例

手順 1：画像のメッシュ分割

ここでは，視野固定の**時系列画像**が入力されるものとし，入力される各画像をまず，いくつかのメッシュに分割する．ここでは説明の簡単さから均等固定メッシュとする．分割サイズは対象に依存して決められるべきものである．

手順 2：画像変化検出

メッシュ領域ごとに時系列画像において濃度変化があったかどうかを調べる．濃度変化があったかどうかをどのように判定するかがポイントであるが，一般的には**濃度ヒストグラム**（3.2.4 項）を比較するのがよい．この簡略版として，平均濃度，分散値などの濃度ヒストグラムの特徴量を比較する方法もある．比較した結果，変化度合いが大きいと判定した場合に「異常」と出力する（アラームを出す）ものとし，しきい値の設定によって異常判定の感度を制御する．

上記の手順は，一種の画像間差分に基づく**画像変化検出**（3.3.10 項）であるが，こ

れだけでは，シーン中の樹木や水面などの揺らぎをも動物体として誤検知してしまう可能性がある．これに対処するためには，一般的には複雑な解析処理を加味しなければならないが，定常的変動は移動物体ではないと仮定して誤検知を減少させる簡便な方法が提案されている（文献[5]）．この方法はもはや高度な画像処理手法に属するので，ここでは基本的な考え方のみを紹介する．

事後確率を用いた移動物体検出の考え方

たとえば，樹木の揺れや水面の揺らぎなどの一定場所での変動は輝度変動を起こすという意味では"変化である"といえるが，シーン中に常に存在するという見方をすれば"変化ではない"とも解釈できる．ここでは，ある画素の観測輝度値において，"通常の輝度値である（事象 $1:S_1$）"と"通常の輝度値でない，いいかえればめったに起こり得ない値である（事象 $2:S_2$）"という二つの事象があると考える．そして，事象 2 の場合を検知すべき変化とする．すなわち，定常的とみなせる変動は検知対象としないことにする．

映像の 1 フレームが与えられたとき，各画素の値を観測値としてその事象を判別する方法としては，統計的決定手法であるベイズの判別を用いる．すなわち，輝度値 I を観測する前での S_1，S_2 の起こる確率をそれぞれ w_1，w_2（ここでは $w_1 + w_2 = 1$），条件付き確率分布をそれぞれ $p(I|S_1)$，$p(I|S_2)$ とすると S_2（変化事象）の事後確率 w'_2 は，

$$w'_2 = \frac{w_2 \cdot P(I|S_2)}{w_1 \cdot P(I|S_1) + w_2 \cdot P(I|S_2)}$$

となる．そして，$w'_2 > 0.5$ のとき"変化あり"と判別する．

ここで，$P(I|S_1)$ は移動物体のないシーンから求める．$P(I|S_2)$ は予測困難であるので，どの I でも同じと仮定し，$1/I_{\max}$ とする．また，w_1，w_2 の初期値はそれぞれ 0.5 とし，その後逐次的にフレーム t で求めた事後確率を次のフレーム $t+1$ の事前確率とする．

5.6　人物（オブジェクト）の自動追跡

ここでは前節に引き続いて，画像監視における画像処理手法について説明する．前節では，「画像内の何らかの変化を異常として検知する」方法を紹介したが，ここでは機能的にさらにレベルアップさせ，「移動物体（侵入物体）だけを検知」したり，「移動人物（侵入者）だけを検出」したりする方法を紹介する．

5.6 人物（オブジェクト）の自動追跡

動いているかどうかは，1枚の画像（静止画）を見ただけでは確定できないので，一定の短い時間間隔で取り込んだ連続画像を処理（動画像解析）することになる．ここでは，入力画像に対して以下の前提をおき，動いている物体や人物を自動的に検知し追跡する画像処理手順を紹介する．

入力画像に対する前提
- カメラの設置位置やアングルは固定，すなわち視野領域は一定とする．
- 処理対象は濃淡画像とする．入力がカラー画像である場合でも，濃度（明るさ）情報のみを用いると考えればよい．

画像処理手順は，たとえば図5.10のように構成できる．以下では，各手順をモジュール単位の画像処理手法に分解して多少詳しく説明する．

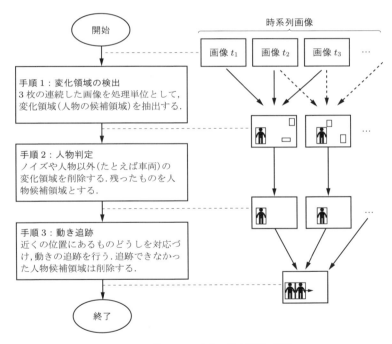

図5.10　動いている人物の検出処理の概略

手順1：変化領域の検出

連続する画像どうしを比較し，以前と濃度変化のある領域を検出する．検出された領域が，たとえば照明環境の微小変動などのノイズに起因すると思われる場合は削除

する．

ここでは基本手法として，連続する3枚の画像を使った変化領域の検出手法を採用することにする（図5.11）．以下で，処理モジュールごとに簡単に説明する．ただし，変化検出手法の詳細は，3.3.10項を参照されたい．

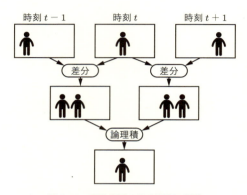

図 5.11 変化領域の検出処理の概略

［手順1-1］画像間差分
　2枚の画像間で差の絶対値を計算する．

［手順1-2］2値化
　差分値（差の絶対値）の大きい領域を変化領域とする．具体的には，あらかじめ設定したしきい値より大きい領域を「黒」領域，それ以外の領域を「白」領域とする．

［手順1-3］画像間の論理積演算
　2枚の2値化された画像間で論理積演算を行う．

［手順1-4］連結図形検出
　論理積演算結果の画像において，一つにつながった黒領域（連結図形）を個別に検出する．

［手順1-5］ノイズ対策
　ノイズが少ない場合は，［手順1-4］で得られた連結図形が一人の人物に対応するが，一般的には，ノイズの影響により人物ではない連結図形が検出されたり，本来は一つである人物領域が複数の連結図形として検出されたりする．そこで，ノイズ対策として，面積が小さい連結図形をノイズとして除去したり，距離が近い連結図形を一つの連結図形として統合したりする（連結図形解析）．

手順2：人物判定

検出された領域が，その大きさや形状から人物であるかどうかを判定する．たとえば，自動車などの人物以外と推定されるオブジェクトに対応する領域や日照条件の急激な変化に起因するものは除く．人物判定は一般的には難しい問題であるが，ここでは検出領域の外接長方形の形状と大きさに関する特徴量を用いることにする（外接長方形判別）．このような処理の例を図5.12に簡単に示す．

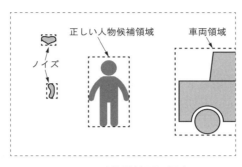

図5.12　人物判定処理の概略

手順3：動き追跡

連続する複数枚の画像において検出された人物領域を見比べ，それらが人物に対応する領域かどうかを再判定する．そして，急激な照明変動などの理由で突発的に検出され，誤って人物領域と判定されたと推定される検出領域は削除する．最終的に残った人物領域の中で，同一と思われる人物どうしを対応づけることで動きを追跡（トレース）する．

動き追跡も一般的には難しい問題であるが，ここでは連結領域の外接長方形の中心点を追跡することにする（外接長方形の中心点追跡）．このような処理の例を図5.13に簡単に示す．なお，図では同一物体かどうかの判定に位置の近さ情報のみを用いたが，たとえば多人数で人物どうしが交差する場合などは正確な追跡は困難となってくる．このような場合には，色／テクスチャ（模様）情報（3.4.1項を参照）を用いてテ

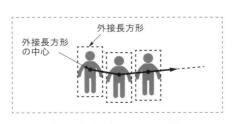

図5.13　動き追跡処理の概略

ンプレートマッチング（3.4.2 項参照）を行うことによりある程度は対処できる．
　上記の手順が有効に働くかどうかは，監視カメラが設置される場所などの環境条件に依存する．大まかには，屋内監視か屋外監視かという分け方ができ，屋外の方が一般的には難しくなる．しかし，屋外でも，たとえばオフィスビルに出入りする人物を対象とし，監視領域としてビルの玄関入口付近を想定すればある程度の信頼性で人物追跡が可能である（文献[6]）．

5.7　人物挙動の自動検知

　一般社会においては，各種の自動販売機や券売機，情報端末機などの端末機器が設置されているが，操作ユーザーインタフェースにおいては必ずしも万人にとって使いやすいとはいえない．一つの改善策として，たとえば利用者の挙動をカメラでとらえて画像解析・認識により操作状態を把握し，その結果に応じて文字や音声などのメッセージをタイミングよく出力すれば，現状よりもユーザーインタフェースの向上が図れると考えられる．ここでは，このような観点からパソコン処理に適した映像からの高速な人物の挙動検知手順を紹介する（文献[8]）．
　なお，人物の挙動検知も画像監視技術に含まれるが，この種の技術は現状はまだ研究段階であり，今後実用化が期待される．

人物の挙動検知手順
　ここでは，ビデオカメラは斜め上向きに設置するものとする．そして，そこからの画像をもとに，人物領域を抽出して存在の有無や移動方向，振り向きなどの人物挙動検知をリアルタイムに行う．以下で，詳細な画像処理手順を説明する．

手順1：人物領域の抽出
　まず，入力画像系列に対して**背景差分**（3.3.10 項参照）を行った後，2 値化する．このとき，人物領域内に生じた小さい穴領域（2 値化後のノイズ）は，**膨張**や**収縮演算手法**（3.3.3 項）を用いて穴埋め修正する．

手順2：特徴量の計算
　次に，図 5.14 に示すような変化領域に関するいくつかの特徴量を計算し次のような検知を行う．
・人物の存在の有無（接近検知）

5.7 人物挙動の自動検知

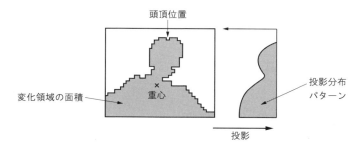

図 5.14 変化領域（差分 2 値化画像）の特徴量の例

変化領域面積，投影分布パターン，変化領域の下部の分布状態や頂上位置などから判定する．

・位置や移動方向の検知

変化領域の重心を求め，代表位置とする．そして，前時点の結果と比較して人物接近，画面内への入退方向などを判定する．

・振り向き検知

振り向き検知は，人物が横を向くと頭頂位置や肩が動くことを利用し，頭頂位置を基準に左右の人物領域面積を比較することで行う．横を向いている度合い α を $S_\mathrm{L}/(S_\mathrm{R}+S_\mathrm{L})$ で定義する（図 5.15）．ここで $0 \leqq \alpha \leqq 1$ で，$\alpha = 0.5$ のときが正面，1 や 0 に近づけば，それぞれ左向き，右向きを意味する．

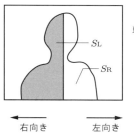

頭頂位置からおろした垂線に対し
S_L：左側の人物領域面積
S_R：右側の人物領域面積
$S_\mathrm{L} = S_\mathrm{R}$ のときは正面向き

図 5.15 振り向き検知の概略

上記の画像処理手順では，服装の色（洋服の色が薄いなど）や立つ位置，背景の人物移動などの影響が考えられるが，存在判定や方向判定は比較的安定して行える．

ここでは，人物の全体的な動きの検知手順を紹介したが，手足や指先の動き（ジェスチャ），細かな動作などの解析にもこのような**動画像解析手法**が応用できる．しかし，一般的には複数運動部位を含む動画像の解析では，各運動部位への分割とそれらの**運**

動パラメータの推定という相互に関連した二つの問題を解決しなければならず，ステレオ視などの試みもあるが，現状ではまだ実用的とはいえない．

5.8 手形状（じゃんけん）認識

　画像処理・認識手法を用いてカメラ視野内で起こっている出来事を検知し，監視員（人間）に知らせる技術（いわば，「見守り」の技術）は画像監視技術として位置づけられるが，ユーザーそのものを画像処理・認識の対象として，何らかの認識結果に基づいてユーザーと積極的に対話する技術は，ヒューマンインタフェース技術あるいはヒューマンコミュニケーション技術の範疇に含まれる．この節では後者の技術として，人のジェスチャ（身振りや手振り）認識を考える．ジェスチャは動きを伴うことが多いが，ここでは基本を理解していただくために静止した手や指の形状を認識する問題を取り上げる．具体的には，「じゃんけん」における「グー」，「チョキ」，「パー」の3種の手形状を認識するための画像処理手法を紹介する．

　ところで，あらかじめ決められたいくつかの種類（以下ではクラスとよぶ）に入力信号を分類する問題は「パターン認識」とよばれる．入力が画像である場合は「画像パターン認識」とよばれるが，画像処理技術を画像パターン認識の観点から体系づけすることもできる．すなわち，パターン認識の処理プロセスは，一般的に「前処理」，「特徴抽出」，「分類（識別といわれることもある）」の三つのステップから構成されるので，これらの三つの技術に整理し直すことが可能である．

　ここでいう前処理は，本書での画像補正・画質改善・画像強調に含まれる技術，そして特徴抽出・計測・解析のところで紹介した技術の一部を含んでいる．まさに，次段の特徴抽出や識別のための事前準備という意味合いで前処理と名付けられているが，要は入力された画像に含まれる雑音を除去したり（後の処理にとって不必要なものを除くことを意味する），画像サイズや画素の値をそろえたりする（正規化する）ための画像処理技術である．

　パターン認識理論での特徴抽出は，本書でこれまで扱ってきた，人間にとって重要な画像的特徴をうまく処理して取り出すという意味での特徴抽出とは，多少ニュアンスが異なる．すなわちパターン認識における特徴抽出は，前処理をしたとしても画像としてのデータ量はやはり大きいので，後の識別段階で有効となる情報（特徴）のみを効率よく取り出すことを目的とする．つまり，あくまでも最終ゴールである識別のための途中処理ということになる．

　そして最後が分類処理であるが，これに含まれる技術は，本書では照合・判別・分類のところで比較的簡単で実際的なものを選んで紹介した（3.4.2項や3.4.3項を参

照).たとえば,特徴空間において入力パターン(未知パターン)と各クラスの標準パターンとの間でパターン照合を行い,最も一致したクラスをその入力画像が属するクラスと決定するといった技術である.

ここでのポイントは,前処理はあくまでもコンピュータが行う識別のためのものであって,前処理がうまくできたかどうかは識別結果によってのみ評価されるということである.したがって,やや乱暴ないい方をすれば,人間に認識させるには少々いい加減な前処理であっても最終的な識別結果が良好であれば(コンピュータに認識させるのにちょうどよければ)それでよいことになる.

以下では,「じゃんけん」における「グー」,「チョキ」,「パー」の認識手順を上述の「前処理」,「特徴抽出」,「分類」の三つのステップに分けて紹介する.

じゃんけんの認識手順

まず前提として,ここでは,「グー」,「チョキ」,「パー」の三つの種類(クラス)のうちのどれかの手形状が,比較的安定した照明条件のもとで,図 5.16 のように手のひら側をビデオカメラに向けて静止状態で大きく呈示されるものとする.また,チョキやパーの場合に伸ばされた各指はくっつかないように離して呈示されるものとする.さらに,手形状領域の切り出しを容易にするため,手首から腕にかけての肌色領域が余分に検出されないように上着の袖で隠れるようにするか,視野範囲外となるように撮影時に配慮するものとする.このような前提のもとに,静止状態でビデオカメラ入力された手形状の 1 枚の画像に対して,それを「グー」,「チョキ」,「パー」の 3 クラスのどれかに分類する処理を行う.

(a) グー　　　　　(b) チョキ　　　　　(c) パー

図 5.16　じゃんけんの入力画像の例

手順 1:前処理

1.4 節で説明した画像処理手法を用いて手形状領域を切り出す.すなわち,肌色領域の抽出(2 値化処理),雑音除去(欠損領域の補間処理を含む),最大面積の連結領域の選出の順に行って,手形状領域のみを切り出す.図 5.16(a)に対して,手形状

領域を切り出した処理例を図 5.17（a）に示す．

（a）肌色領域（手形状領域）　　　（b）手形状輪郭の表示例
　　　の抽出例

図 5.17　じゃんけん画像の処理例

手順 2：特徴抽出

　手形状領域の輪郭追跡（**3.3.7** 項を参照）を行って輪郭（閉曲線）を求める．図 5.17（a）に対して輪郭追跡を行った結果を図 5.17（b）の黒色部分に示す．ここでは，最も外側の輪郭（閉曲線）に対して追跡を行うこととし，内部に穴が生じていたとしても雑音として無視する．その結果は一つの閉曲線となるので，次の式で定義される円形度 C（**3.3.5** 項を参照）が算出できる．なお，式における π は円周率である．

$$\text{円形度}\,(C) = \frac{4\pi \times \text{面積}}{(\text{周囲長})^2}$$

C は閉図形が真円のときに最大値 1 となり，細長くなったり形状の凹凸が大きくなったりして周囲長が長くなるほど 0 に近くなるので，グー，チョキ，パーの手の輪郭形状を区別するのに適した特徴量であると考えられる．すなわち，C の値を比較すると理想的には大きい方から，グー，チョキ，パーの順に並ぶはずである．

手順 3：分類

　ここでは C を唯一の特徴量として，3 クラス分類を行う．具体的には，二つのしきい値 T_1，T_2 をあらかじめ実験的に（サンプルデータに対する予備実験に基づいて）設定しておき，入力画像に対する円形度 C に基づいて以下のように判定する．T_1 や T_2 の推奨値としては，それぞれ 0.23，0.38 程度となる．
（1）　$C > T_2$ のとき，　　　「グー」
（2）　$T_1 \leqq C \leqq T_2$ のとき，「チョキ」
（3）　$C < T_1$ のとき，　　　「パー」

　上記の手順に従って手形状の認識を行えば，はじめに述べた前提条件を満たしてい

る場合には，高い確率で正しい結果が得られるはずである．しかし，手のひらの向きが下向きであったり，伸ばした指どうしがくっついてしまったりした場合は，手形状の輪郭の長さが想定した値より短くなり円形度による特徴抽出が適切に働かなくなる．手形状画像の入力条件をさらに緩やかなものにするためには，さらに高度な認識手法の導入が必要となるが，本書の範囲を超えてしまうので，たとえば章末の文献[14]を参照願いたい．

5.9　シンボル図形や記号の認識について

　前節では，手領域（シルエット）の輪郭図形のパターン認識手法について一例を紹介したが，ここでは，対象を地図や設計図面などにおけるシンボル図形や記号に拡張して，もう少し一般的に図形パターン認識手法について説明する．

　前節では，分類対象のクラス数を3とし，取り扱う形状も外側輪郭の閉図形に限定していた．そこでは，各クラスの輪郭形状を洞察することにより，分類に用いる特徴量として「円形度」を採用し，この1個の特徴量を用いて一定の条件下ではあるものの良好な分類が行えた．しかし，文字認識を代表例として実際にはクラス数が多く，対象とする図形の構造も複雑である場合が多い．このような場合には，多くの特徴量を使って分類する必要があるが，どんな特徴量を用いればよいかについては事前にわかっていないのが通常である．文字図形の認識には高度な画像処理やパターン認識手法が必要となるが，ここでは基本的な考え方を紹介することを目的とし，対象としてはシンボル図形や記号といった比較的構造の簡単な図形を想定する．

　具体的には，次のような比較的簡単な例題を取り上げる．すなわち，図 5.18（a），(b)，(c) に示すような「○」，「×」，「△」の3クラスの手書き図形（記号）の分類問題を取り扱うものとし，ここではいずれかのクラスに属する手書き図形が画像として入力されるものとする．また，入力画像に対しては事前に前処理が施され，画像サイズは一定の大きさに正規化されているものとする．そして，特徴抽出方法としては，

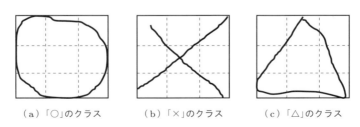

（a）「○」のクラス　　（b）「×」のクラス　　（c）「△」のクラス

図 5.18　三つのクラスの手書き図形（記号）の例

3.4.2 項で紹介した入力画像のメッシュ分割を行うことで，全体的な濃淡特徴を n 次元ベクトル（n はメッシュ総数）として 1 次元にパターン化する方法を用いる．

以下では，分類（識別）に焦点をあてながら正規化以降の具体的な手順を説明していく．

手順 1：メッシュ分割とメッシュ内 3 値化による特徴ベクトル化

正規化画像に対して，3×3 にメッシュ分割を行い，各メッシュ内の濃淡特徴を抽出することにより 9 次元の特徴ベクトルに変換する．ここでは，メッシュごとの濃淡特徴を簡単に抽出するために次のような 3 値化を行うものとする．

0：図形がそのメッシュ内には含まれない．
1：図形がそのメッシュ内にわずか（基準面積より小）だが含まれる．
2：図形がそのメッシュ内に十分（基準面積以上）含まれる．

図 5.19 に特徴ベクトルへの変換例を示す．ここではメッシュ内部を，図形を構成するある幅をもった線が，その中心付近を通って大きく通過するような場合には 2，片隅を小さく通過するような場合には 1 となるように基準面積が設定されているものとする．

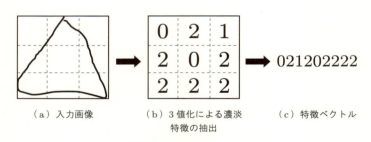

（a）入力画像　　（b）3 値化による濃淡　　（c）特徴ベクトル
　　　　　　　　　　特徴の抽出

図 5.19　手書き図形の特徴ベクトル化の例

手順 2：辞書の自動作成

ここで問題となるのは手書きにおける変動である．たとえば，記号「×」の場合の変動の例を図 5.20 に示す．このように同一クラス内におけるパターン変動が大きい場合には，あらかじめ人手によりクラスごとに標準パターンを定義しておくことは困難である．そこで，同一クラスに属する画像をまず大量に収集し，このデータを学習サンプルとして標準パターンを自動的に作成する．ここでは，学習サンプルから得られた特徴ベクトル集合の平均ベクトルを標準パターン（標準特徴ベクトル）とし，辞書に登録する．記号「×」に対する標準特徴ベクトルの例を図 5.21 に示す．

■ 5.9 シンボル図形や記号の認識について ■   157

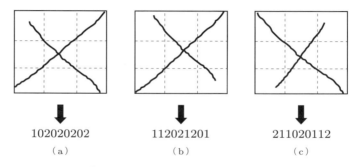

図 5.20 「×」画像の特徴ベクトル化における手書き変動の例

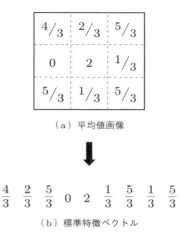

図 5.21 クラス「×」の標準特徴ベクトルの例

手順3：辞書との照合に基づく分類

　分類の際は，入力特徴ベクトルと辞書に登録されたすべてのクラスに対する標準特徴ベクトルとの照合を行い，最大類似度を与えるクラスをその入力のクラスとする．類似度の代わりに 3.4.2 項で紹介したようなパターン（特徴ベクトル）どうしの距離を用いることも可能である．この場合は，最小の距離値を与えるクラスに分類することになる．類似度の計算には，いくつかの方法があるが（3.4.2 項参照），ここでは「単純類似度」とよばれる類似度を用いることにする．入力画像の特徴ベクトル x と，あるクラスの標準特徴ベクトル y との単純類似度 $S(x,y)$ は次の式で定義される．

$$S(x,y) = \frac{(x,y)}{\|x\|\|y\|}$$

上記の式において，(x,y) はベクトル x と y との内積を表しており，二つのベクトル

間の角度を θ とすると，単純類似度は $\cos\theta$ に等しくなる．ベクトル間のユークリッド距離ではなく角度を考えることにより，ベクトルの大きさ（長さ）には影響されにくいことが特長である（単純類似度は，実は 3.4.2 項の「正規化された相互相関値」と等しくなる）．たとえば，図 5.20 (a) を入力特徴ベクトル (x) とし，図 5.21 を標準特徴ベクトル (y) とした場合には単純類似度は約 0.98 （(x,y) は 15.3，$\|x\|$ は 4.1，$\|y\|$ は 3.8）となる．

ここでの 9 次元特徴ベクトルの各要素は 0 以上の値となるので，単純類似度 S は，$0 \leqq S \leqq 1$ となる．

上述のようなパターン認識処理の流れを一般化してまとめたのが図 5.22 である．図のように「学習フェーズ」と「分類フェーズ」の二つに大きく分かれることが処理手法としての特徴である．なお，ここで紹介した認識手法は，学習や分類の際に統計的手法を用いているので「統計的パターン認識手法」とよばれており，実用分野で多くの実績を有している．そのほかにも，脳の神経回路網における計算方式を模した「ニューラルネットワーク」などいくつかの手法が提案されており，特にニューラルネットワークを多層に重ねて大規模化した手法が今後，期待される（たとえば，文献 [17] 参照）．

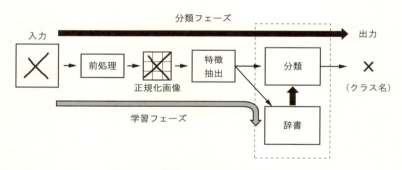

図 5.22　一般的なパターン認識処理の流れ

また，ここでは視覚情報として見えるままに，メッシュごとの画像の濃淡情報を並べた形で特徴ベクトルを構成したが，ほかにも「高次局所自己相関特徴 (HLAC：Higher-order Local AutoCorrelation)」や「SIFT 特徴 (SIFT：Scale-Invariant Feature Transform)」，「HOG 特徴 (HOG：Histogram of Oriented Gradients)」などを用いて特徴ベクトルを構成することも可能である．これらの特徴抽出処理については，画像処理のレベルが高くなるので本書の範囲を超えるが，たとえば，章末の参考文献 [15]，[16] を参照されたい．

5.10 ロボット視覚応用への期待

　画像処理技術は，電子写真のアルバム編集などのようにパソコン上のツールとして使うこともできるが，やはり醍醐味は人間の眼のような視覚機能としてある目的をもったシステムの中に組み込んで使うことである．このような応用の代表例が「ロボット視覚」である．ロボットは一つのシステムであり，システムとしてのロボット技術は，人間に代わって働き，同時に人間の友達にもなってくれるような機械（マシン）が欲しいという，まさに人間の夢をかなえようとする技術である．

　人間と同じように見て考え，動作する機械としてのロボットという概念は，様々なSF物語に登場する．ロボットという言葉自体がそもそもSFに端を発しており，人間と同じ形をもち，同じ働きをする人間型ロボットは「ヒューマノイド」とよばれたりする．

　人間と全く同じ形をしている必要はないかもしれないが，ロボットにとって必要な技術は，「人間と機械が対話し協調するための技術」と「人間の住む実世界の中で自律して動くための技術」といわれている．そして，これらの大きな技術の中に画像処理技術は含まれている．すなわち，ロボットが知的になり，自分で考えて行動するためには環境を知るための外界センサをもつ必要がある．本書の画像処理技術は，ロボットの視覚機能を実現するためのイメージセンサ（非接触センサ）技術と位置づけられる．画像処理の内容としては，たとえば，画像変化検知やステレオ法によるロボットの動作に必要な3次元情報の獲得などが挙げられる．さらには，人物のジェスチャや顔の認識（個人識別，表情識別，性別判定や年齢推定など）なども最近はある程度可能となってきており，今後のロボット視覚への応用が期待される．

　ロボットの実用化は，溶接や塗装，簡単な組み立てなどを行う産業用ロボットから始まったが，今後は工場から外へ出て，たとえば，家庭やオフィスの中に入って日常生活を助けるロボットへと進むことが予想される．たとえば，次のようなロボットはすでに少しずつ現実のものとなってきている．

・社会の高齢化に伴い，介護の手助けをするロボット
・掃除などの家事や重い物の運搬，その他，雑多な作業をするロボット
・人間とシステム（コンピュータやネットワーク通信など）との仲立ち（コミュニケーション支援）をするロボット
・飼い主の話し相手になり，飼い主の心を癒すペットロボット

　このような未来のロボットにとって，画像処理技術はますます重要性を増していくと思われる．

■ 参考文献

[1] Shigeyoshi Shimotsuji, Akio Okazaki, Osamu Hori, Shou Tsunekawa : "A high speed raster-to-vector conversion using special hardware for contour tracking", Proceedings of International Association for Pattern Recognition Workshop on Computer Vision—Special Hardware and Industrial Applications, pp.18–23 (1988)
[2] Akio Okazaki, Shigeyoshi Shimotsuji, Osamu Hori, Shou Tsunekawa, Atsushi Yukawa : "Image-based geographic information system using optical disks", SPIE Vol.1258 Image Communication and Workstations, pp.66–77 (1990)
[3] Osamu Hori, Akio Okazaki : "High quality vectorization based on generic object model", Structured Document Image Analysis, pp.325–339, Springer-Verlag (1992)
[4] 江尻正員（監修）："画像処理産業応用総覧（上巻，下巻）"，フジ・テクノシステム (1994)
[5] 岡崎彰夫，大波多元，中井宏章："知的画像監視技術"，東芝レビュー，Vol.50，No.8，pp.615–618 (1995)
[6] 川角浩亮，関井弘志，榎本暢芳，大波多元，岡崎彰夫："シルエットの投影パターンに基づく時系列データを用いた侵入者検出"，電気学会論文誌C，Vol.116-C，No.9，pp.1007–1014 (1996)
[7] 谷萩隆嗣（編著）："マルチメディアとディジタル信号処理"，第4章3節（ヒューマンインタフェースのための映像信号処理），pp.196–211，コロナ社 (1997)
[8] 大波多元，榎本暢芳，中原道博："公共機器向けヒューマンインタフェースの要素技術"，東芝レビュー，Vol.52，No.9，pp.23–26 (1997)
[9] 谷口慶治（編）："Handbook 画像処理工学 応用編"，共立出版 (1999)
[10] 谷口慶治，長谷博行（編）："画像処理工学 応用事例編"，共立出版 (2005)
[11] 蚊野浩（監修）；映像情報メディア学会（編）："デジカメの画像処理"，オーム社 (2011)
[12] 土橋浩慶，岡崎彰夫，高木一圭："顔照合セキュリティシステム FacePass$_{TM}$"，東芝レビュー，Vol.57，No.8，pp.48–51 (2002)
[13] 榎本暢芳，佐藤俊雄，山田隆弘："歩行顔照合システム SmartConcierge$_{TM}$"，東芝レビュー，Vol.62，No.7，pp.27–30 (2007)
[14] 小林匠，大津展之："画像特徴量［VI・完］──高次局所自己相関に着目した画像特徴量と画像認識への応用──"，電子情報通信学会誌 Vol.94，No.4，pp.335–340 (2011)
[15] 田中陽土，高林大輔，近藤真暉，加藤伸二，福井和広，岡崎彰夫："Kinect を用いた指文字練習システムにおける識別処理とユーザインタフェースの改良"，電子情報通信学会ヒューマンコミュニケーショングループ（HCG）シンポジウム論文集，pp.291–296 (2013)
[16] 内田祐介，酒澤茂之："大規模特定物体認識の最新動向"，電子情報通信学会誌，Vol.96，No.3，pp.207–213 (2013)
[17] "Special section on learning deep architectures", IEEE Transactions on Pattern Analysis and Machine Intelligence (PAMI), Vol.35, No.8 (2013)

6章 画像処理技術の将来展望

本書ではこれまで画像処理技術を的確に理解するために，技術そのものの概要，基礎となる考え方，基本手法とその実現手法，応用事例を紹介してきた．この章ではディジタルメディア世界における画像処理技術という視点から，今後の方向，展望について述べる．

6.1 はじめに

画像情報がディジタルデータとしてコンピュータやネットワークで容易に扱えるようになるに従い，いろいろなところで共通的に画像処理技術が使われ始めている．ここでは，本書で解説したディジタル画像処理技術の将来展望について述べる．

今後の方向としては，二つが考えられる．一つは，画像をメディアとしてとらえ，画像メディアに対する人間の行為を今までよりもっと支援する方向であり，行為としては，「**画像を撮る**（入力）」，「**画像を見る**（画像表示・出力）」，「**画像をつくる**（加工や編集，合成，生成など）」，「**画像を送る・保存する**（伝送・蓄積）」などが考えられる．そして，もう一つの方向は「機械の眼」としての機能を拡大する方向である．後者の場合，入力は基本的には画像の時系列（ビデオデータ）であり，その内容が処理されて，処理結果が人間に対するサービス，人間の省力化・代行などに使われる．したがって，人間から見れば，出力は入力された画像系列に応じた何らかの機械の振る舞いであって，入力された画像系列はその内容が何らかの形で汲み取られた後は捨てられてしまってもかまわない．

上述の二つの今後の方向に共通的な技術は，画像のより深い内容処理技術である．ここでは真に価値のある，または目的とする内容や中身を特に「コンテンツ」とよび，それを何らかの形で汲み取る処理のことを「コンテンツ処理」とよぶことにする．ここでいう「コンテンツ処理」は，これまでの表層的な「信号処理」と対比させての用語であり，画像パターン認識手法の適用が大いに期待される技術分野なのである．

6.2 「画像メディア」の周辺技術として

「画像を撮る」に関して

上手に画像を撮るためにレンズ系や，ダイナミックレンジといった受光部の性能を向上させることは当然であるが，ディジタル画像処理の柔軟性を利用して，「コンテンツ処理」を行うことも考えられる．実現形態としては，カメラとコンピュータが一緒になった（正確にいえば，現在のコンピュータが小さくなってカメラに組み込まれた）ものがイメージされる（図6.1）．

人間がカメラを用いて日常生活の中で撮った画像には，何らかの目的や意図が込められているはずである．しかし，そのときにねらって撮った画像を後で見てみるとそのときの（人間の眼に映った）イメージどおりに撮れていないことがある．たとえば，ピンぼけや絞りが適切でないことによって，対象が画面内にうまくとらえられていな

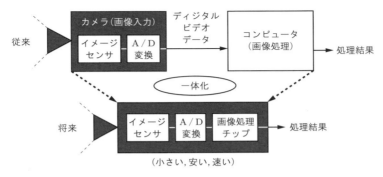

図 6.1　スマートカメラのイメージ

いなどである．現在でも，「ホワイトバランス」，「オートアイリス」，「オートフォーカス」などの自動調節機能が備わっているが，まだどこか融通が利かない部分が残る．ここでいう「コンテンツ処理」は，カメラが人間の意図を多少とも理解して動作するという意味である．最近のディジタルカメラには，このような機能として「顔検出に基づいた最適撮影・補正機能（笑顔撮影，目つむり防止，肌色補正などの顔をできるだけきれいに撮影する機能）」が搭載されている．

　現在は「顔」という「オブジェクト」の検出技術が実用レベルに達しているが，顔以外のオブジェクトに検出機能を拡張していくことがすぐに考えられる．一般的なオブジェクト検出が可能になった場合の「コンテンツ処理」の具体例は次のようになる．

（1）　ユーザーが撮りたいオブジェクトをカメラが認識し（視野の中心にあるとは限らない），そのオブジェクトが最もきれいに写るように絞りを最適制御する（ただし，そのとき他のオブジェクトの写りは多少悪くなるかもしれない）．

（2）　目的とするオブジェクトをタイミングよく写したつもりでも，向きが最適でなかったり，一部がなにかの遮蔽物により隠れていたりして失敗することがよくある．カメラでこれを自動判別して最もよいタイミングの画像を選ぶ．

（3）　動いているもの（たとえば，運動会で走っている自分の子供）を追いかけて最適な状態（そこでピントなどが合った状態）で画像を撮る．ただし，視野外に外れた場合は視野（カメラアングル）を自動的に変えられる機構（雲台）が必要である．

（4）　意味のわからない看板や標識に出くわしたとき，カメラで撮ればその意味が文字情報として表示されたり，外国語の場合は翻訳されたりして出力される．ただし，この場合の出力は画像ではないので現在のカメラの範疇には入らないかもしれない．

「画像を見る・つくる」に関して

　人間にとって「画像を見る」ことは，処理システム側からいえば画像を表示する（見せる）ことになる．表示するために事前に画像を変換したり修正したりしておくことが必要な場合もあり，「画像を見せる」処理のはじめに「画像をつくる（加工や編集，合成，生成など）」処理が自動的に組み込まれていることもある．人間が「画像を見る」ことにおいてはやはり，「見る画像」が人間にとって高品質であることが基本であり，2015 年頃からテレビでは 4K サイズ（3840 × 2160 画素）の画面表示が普及し始めている．しかし，端末のテレビ画面は 4K であっても実際に放送されてくる映像のサイズが以前のままである場合には（たとえば，現在の地上ディジタルハイビジョンとよばれている画面サイズは 1440 × 1080），端末側で高精細に見せかける（高精細な画像に変換する）技術が必要になってくる．このような技術は「超解像技術」とよばれている．この技術は画像を拡大する（解像度を上げる）ときに，拡大画像の画素のカラー値をもとの画像の周辺画素のカラー情報から推定するものであり，まさに「コンテンツ処理」といえよう．従来の解像度変換技術（たとえば，3.2.5 項で述べたような補間技術）との違いは，いかにぼけさせないで解像度を上げるかという点にあり，もとの画像（動画を対象にすることが多いので，「映像」といった方が適切かもしれない）からどのようにして情報量を増やすかに特徴がある．つまり，入力映像は，より高い解像度の映像から何らかの処理によって低解像度変換されたものとみなし，その仮定した（架空の）高解像度映像を推定する（復元する）アルゴリズムが中核となる．

　現在は，画素数のみを増加させることを指した技術であるが，画素あたりのビット数（ダイナミックレンジとか色深度）を増やしたり，時間あたりのフレーム数（動画の場合）を増やしたり技術も含めて将来，進歩すると考えられる．

　さらに今後注目すべき表示技術としては，立体（3 次元）映像表示技術が挙げられ，近年，映画館での立体映画の上映が人気となっている．この技術は，観察者の左右の眼に「視差」のある映像を表示させるものであり，観察者が移動して眼の位置が変わった場合（「運動視差」とよばれる）には，それに合わせて映像が変化することが望まれる．ここでの観察者の眼の位置検出には，画像認識手法の活用が期待される．また，複数カメラで撮影した多視点の映像からシーンの 3 次元モデルを構成したり，任意視点の映像を生成したりするための画像処理技術も必要になってくると予想される．将来，立体テレビ放送が実現した場合には，視聴者が自由な視点から立体映像を楽しめる「自由視点テレビ」があたり前になっているかもしれない．

　もう一つ付け加えるとすれば，現実世界と人工（仮想）世界を融合させて表示する技術が挙げられよう．人工世界は，視覚だけではなく聴覚や触覚などの他の感覚に対しても考えられるが，ここでは視覚に限って話を進める．これまでの「人工現実感（VR：

Virtual Reality）技術」は，ひたすら現実世界を人工世界に置き換えようとするものであったが，人工世界にはまり込むのではなく，あくまでも現実世界に立脚し，現実世界を人工の事物で補強しようとする技術が「拡張現実感（AR：Augmented Reality）技術」である．AR 技術をさらに展開させ，現実世界と人工世界とを対等に扱って継ぎ目なく融合させる（混ぜる）ことを目指す技術は，「複合現実感（MR：Mixed Reality）技術」などとよばれている．

これらの技術は，コンピュータパワーの増強による CG の描画能力の向上と小型液晶ディスプレイを搭載した HMD (Head Mounted Display) の進化（小型化，軽量化，視野角の拡大など），および各種位置センサの発達などに支えられた総合技術である．AR 技術を使った典型的なシステムでは，ユーザーはシースルー（透過）型の HMD を装着して現実世界を直接そのまま見ながら，その上に人工世界（CG 描画）が重畳された映像を見ることができ，たとえば，仮想的な訓練や予行演習をするといった用途が考えられる．シースルー型 HMD の場合，自分の手元や足元が見えるので，VR システムに比べて安心感があるといわれている．

一方，MR システムでは，遮閉型の HMD に小型ビデオカメラ（あるいは撮像チップ）を取り付け，それにより本来の自分の眼の位置から見える現実世界を映像化し，その映像と人工世界の映像とをコンピュータ処理によって合成する方式が採用されている（この方式を「ビデオシースルー方式」という）．この方式では，コンピュータ内において画像の合成処理が施されるので，現実世界と仮想世界の融合のレベルをかなり向上させることができる．

上述の AR 技術や MR 技術は，融合された世界（環境）とのリアルタイムインタラクション（相互作用）が前提となっており，実写と CG との単なる合成技術ではない．ここで必要な技術は，時間遅れなく違和感のない画像を合成することであり，特に実用的な観点からは両世界の座標を正確に一致させ，かつユーザーの視点の移動にも遅れることなく追随できることが望まれる．たとえば，CG で描いた物体を現実の物体の上にのせて描画する場合，位置が合っていないと，CG の物体が現実の物体にめり込んだり，浮いたりして違和感のある合成画像となってしまう．この位置合わせにも画像認識手法の活用が期待される．たとえば，ビデオシースルー方式では，意図的に貼り付けたマーカー（たとえば，高コントラストの白黒の模様）を手がかりとして，取り込んだ映像をコンピュータ処理することにより位置合わせを行うことができる．すなわち，あらかじめ現実空間の座標中で 3 次元位置が既知な点を画像認識手法により検出し，そこからユーザーの視点位置を算出できる．また，位置センサを HMD に付着させてユーザーの視点位置と方向を検知し，前述の画像ベースの位置合わせと併用して位置精度を向上させることも可能である．将来的には，映像の中から手がかりと

なるものを自動的に検出する「マーカーレス技術」の研究も進むであろう．

「画像を送る・保存する（検索する）」に関して

場所が離れた人に画像を見せたい（あるいは，多くの人と画像をシェアしたい）場合には「画像を送る」という行為が発生する．画像を送る場合，伝送コストの点でデータ量が少ない方がよいので，送る側では冗長さを除去することによってデータ圧縮を行う技術が，受け取る側ではもとに戻す（復元）する技術が必要になる．高精細の動画像を送信する場合にこのような技術が特に重要となり，「動画像圧縮符号化技術」などとよばれている．現在，ディジタル放送やインターネットにおける動画配信サービスなどでこの技術が使われているが，幅広く使用するために統一した規格（国際標準）が作成されている．現在，主流になっている国際標準は「H.264/MPEG-4 AVC (Advanced Video Coding)」であり，ISO/IEC（国際標準化機構/国際電気標準会議）の MPEG (Moving Picture Experts Group) と ITU-T（国際電気通信連合-電気通信標準化部門）の VCEG (Video Coding Experts Group) の二つの組織により共同で策定された．そして，その後継規格として今後が期待されるのが「H.265/HEVC (High Efficiency Video Coding)」である．H.265/HEVC では圧縮技術の適正化がさらに進められており，H.264 と比べて約 2 倍の圧縮性能を有するとされている．このため，フル HD（1920 × 1080 画素）以上の高精細な映像配信での利用はもちろんとして，解像度がそれほど高くない携帯端末向けの映像配信での利用も想定される．

「動画像圧縮符号化技術」は画像処理技術であり，1 枚の画像フレームにおいて部分画像（「ブロック」とよばれる）のサイズを適切に選択し，そのブロックが次の画像フレーム内でどう動くのかを予測するといった技術が使われている．しかし，本書では触れなかった情報理論やディジタル信号処理分野の様々な技術がベースとなって長年改良が積み重ねられてきた集大成的な技術であり，10 年に 1 度のペースで新しい標準規格が登場している．H.265/HEVC は，今後 10 年間を支える技術であるといわれている．

「画像を送る」技術に関して，標準化技術に対しては画像認識手法の導入はまだだといえるが，画像監視といった特定分野に限れば，「人物検出」や「顔検出」などの画像認識手法との組み合わせが将来的には考えられる．たとえば，現在は，街頭や店舗内に監視カメラを設置し，監視映像を 24 時間 365 日，監視室（あるいは監視センター）に送信し，その映像をモニタ上に常時表示することによって，監視員が何らかの事故や事件が発生していないかなどをモニタリングしている．しかし，前述の「動画像圧縮符号化技術」を用いたとしても，監視カメラの台数が増えたり，映像が高精細になってきたりするほど伝送負荷は増えるし，なによりも監視員に対する負担が問

題になってくる．そこで，監視カメラ側（端末側）で撮像と同時に人物検出や顔検出などを行って，必要な場合にのみ画像を送るようにすれば前述のような問題は解消される．さらには，監視センター側で広範囲の監視カメラから送られてきた複数の映像に対して，顔照合を行って人物を同定または特定したり，ある人物の移動経路を追跡したりできれば従来よりも広範囲のセキュリティシステムが実現できるかもしれない（図6.2）．

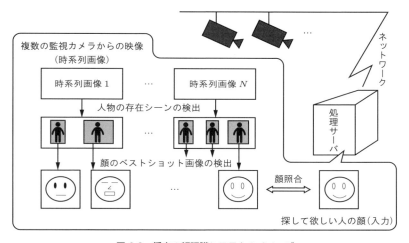

図 6.2　将来の顔認識システムのイメージ

「画像を送る」場合だけではなく，「画像を保存する」場合にもそれだけのメモリ容量が必要となるので蓄積コストの面から画像データの圧縮は重要となり，その際，前述と同様の圧縮符号化技術が用いられている．ただ，「画像を送る」場合と異なるのは，「画像を保存する」のは，後でまた取り出して見たい（あるいは何らかの形で再利用したい）からであって，必ず「画像を検索する」という行為が伴うことになる．今後，ディジタル画像が世の中にあふれてくることが十分予想されるので，人間にとって本当に便利な検索手段が望まれるが，この「画像を検索する」ところに画像認識手法の活躍する場がある．静止画や動画といった画像データに対して，どんなコンテンツが存在しているのかを探す技術ということになるので，まさに「コンテンツ処理」といえる．

通常，文書ファイルと同様に画像を蓄積する際には検索を容易にするためにインデックスやキーワードを付加することが行われるが，この作業には手間がかかるし，画像に対しては限定されたキーワードだけでは十分でない場合が多い．蓄積する対象がテキスト情報である場合には，「全文検索技術」を適用することにすればこの作業は必要なくなる．「全文検索技術」というのは，複数の文書ファイルにまたがって各文書に含

まれる全文を対象としてキーワードとなる特定の文字列を検索する技術である．画像検索において，この「全文検索技術」に対応するのが「類似画像検索技術」である．

現在，インターネット上に存在する無数の画像の中から，自分が指定した画像に類似する画像を検索できるサービスがいくつかの検索サイトにおいて行われている．たとえば，自分がデジタルカメラで撮った（あるいはビデオカメラで撮った映像の中の1枚の）写真を検索サイトに入力すれば，入力した画像に類似した画像が次々と連鎖的に検索されていき，同時にそれらの画像とリンクされたテキスト（属性）情報も得られる（そして，属性情報を掲載したウェブページに飛ぶ）といったサービスである．ここで，「何をもって類似しているというのか」がポイントとなるが，現状は形や色の全体的な配置（構図）に関する類似度を画像認識手法により算出しているようである．実際の写真を検索キーとするのではなく，手描きのイラストを使って検索することも今後，可能になってくると思われる．画像がもつ構図や色の類似性ではなく，画像コンテンツの中身まで立ち入ることができれば「類似画像検索技術」の可能性はさらに広がり，静止画だけではなく動画に対する検索サービスも考えられる．動画の内容を自動的に把握し，それに類似した別の動画を検索するといった具合である．まずは，顔認識技術を使って特定の人物が登場する映像を検索できるようになるだろうし，その次は動作認識技術を使ってサッカーのゴールシーンといったハイライトシーンの検索が可能となるかもしれない．こうした今後の段階的な実現に期待したい．

6.3 「機械の眼」として

コンピュータの処理能力がさらに上がり，カメラも小型化・低価格化して人間の相手をする機械（たとえば，自動販売機とか無人端末）が標準装備として眼をもつ（超小型コンピュータと超小型カメラが仕込まれている）ようになったならば，目の前の人間が何をしているのかを機械に理解させたいと思うのではないだろうか．理解というほど大げさでなくても，人間の顔の向き，または視線がわかるだけでもかなり融通が利いた **HI (Human Interface)**，あるいは「見守り技術」が実現できるはずである．

このための画像処理技術は，上述の「画像を撮る・見る・つくる・送る・保存する」のところでも出てきた「コンテンツ処理」技術であるが，画像がユーザーの知らぬところで使われており，直接ユーザーが画像を操作するわけではないところが異なっている．また，ユーザーが困っている様子ならば，音声でガイダンスするといったことはヒューマンインタフェース的なサービスであるが，セキュリティ用途にも使える．

たとえば，HIにもセキュリティにも使え，画像認識手法の応用が将来的に期待されるものに**個人認証**がある．人間は後ろ姿を見てもその人が誰であるか，よく知ってい

6.3 「機械の眼」として

る人であれば予想がつくものだが，このような身体的／生体的特徴を用いた個人認証方式を，IDカードやパスワードなどを使う方式と対比して「バイオメトリクス認証（生体認証）」とよぶ．バイオメトリクス認証にも利用する生体情報（身体的あるいは行動的特徴）によって違いがあり，表6.1に示されたものはすべて何らかの形で実用化されている．その代表は**指紋認証**であり，現在ではセンサ部分がチップ化されてパソコンや携帯機器などに組み込まれるなどのパーソナル化による普及が進んでいる．しかし，非接触で離れた場所から個人認証できる技術に対する要望（あこがれ）も強い．顔認証技術はその筆頭候補であり，歩いている人の顔をとらえて個人認証できれば用途がさらに広がるであろう．さらには，「画像を送る」で述べた画像監視とも関連してくるが，顔だけではなく，歩き方や歩く姿全体から個人を認証する研究も始まっている．

表 6.1 バイオメトリクス認証（生体認証）の現状

生体情報	照合に用いる特徴／入力方法など
指紋	・紋様パターン上の端点や分岐点などの特徴点情報を用いる． ・指先を所定の位置に密着させ，受光センサや静電容量センサなどにより紋様パターンを入力する． ・最も実績がある．
掌形	・各指の長さや幅も含めた手のひら全体の3次元的な幾何学的特徴を用いる． ・手のひらを下にして所定の位置に置き，上方のカメラにより手のひら形状を入力する． ・性能が比較的安定しているといわれている．
静脈 （手のひらや甲，指）	・手のひらや甲，指などの静脈血管パターンの特徴情報を用いる． ・近赤外線を照射して，その反射光／透過光（指の場合）を受光センサによりとらえる． ・皮膚の下にあるので，環境の変化を受けにくいといわれている．
網膜	・網膜上の毛細血管パターンの特徴情報を用いる． ・近赤外線を照射し，その反射光を受光センサによりとらえる． ・入力（装置を覗き込むような動作）に多少手間がかかる．
虹彩（アイリス）	・瞳孔の開き具合を調節する筋肉パターンの特徴情報を用いる． ・所定の離れた位置からカメラにより撮像する． ・網膜と比べて特徴パターンが眼の表面に存在するので，入力時のユーザーの負担が少ない．
顔	・眼や口などの顔特徴点の配置情報や顔全体の濃淡パターンの特徴情報を用いる． ・虹彩と同様に所定の離れた位置からカメラにより撮像するが，撮像位置には比較的許容度がある． ・ビデオカメラからの動画を利用できる点が長所である．
音声	・声紋パターンの特徴情報を用いる． ・マイク入力する．その際，発声語が固定の場合と適宜指定される場合とがある． ・電話を使えば，遠隔で認証できるという長所がある．
署名（サイン）	・動的なサインパターン（筆記運動パターン）の特徴を用いる． ・ペンとタブレットを用いてオンライン入力する． ・サインに慣れている場合は性能が安定するといわれている．

人間を対象とした画像処理としては，ジェスチャ認識（手話も含む）も盛んに研究されるようになってきている．その理由として，安価で比較的性能のよい距離（深度）カメラがゲーム用途を中心に普及してきたことが挙げられる．将来的にはたとえば，機器に小型カメラを組み込んでおき，手や指の動きをそのカメラでとらえて機器内の処理プロセッサによって認識し，器機に直接触れることなく機器の操作を行うといった使い方が考えられている．かなり離れた場所から手に何ももたずに機器を操作できる点が便利であり，手軽で簡単なユーザーインタフェースとして現在はゲーム機器で実用化されているが，今後は会議システムや家電機器への応用などが期待できる．画像認識手法を用いて，ユーザーの意図をどれだけ正確に汲み取ることができるかが今後の発展の鍵であろう．

　また，最近注目される画像処理技術として「車載カメラ向きの画像処理技術」があり，大きくはITS（Intelligent Transport Systems：高度道路交通システム）の一環技術とみなすことができる．ITSは，道路，交通，車両などの公共分野の情報化を推進するものである．車載画像処理の応用としては，たとえば，道路上の障害物検出や運転手の状態認識（居眠り検知）などを自動的に行うことによる安全運転支援が挙げられる．自動車が障害物などを検知して衝突に備える機能（運転者への警告やブレーキの補助操作など）をもったシステムがすでに実用化されており，最近の乗用車においては，衝突が避けられなくなった場合などの一定条件のもとで自動停止までを行うシステム（「プリクラッシュセーフティシステム」などとよばれている）が主流になりつつある．ただ，現状では夜間や悪天候時での検知性能を維持するためミリ波レーダーといったレーダー技術が使われる方が多いが，カメラの利点は，レーダーに比べて安価であることや道路上の白線検出が可能などのより詳細な情報が得られることである．レーダーとカメラの両方を搭載し機能向上が図られる場合もあり，将来的に画像処理技術は，レーダー技術などと融合しながら進化していくものと思われる．上述のように，人間が見るためというよりコンピュータが見るために，今後は様々な分野において画像認識手法が導入されるようになってくると予想される．しかし，課題も多く，従来の実用は，照明条件を厳密にコントロールできる場面に限られていた点などを克服しなければならない．たとえば，屋外環境では照明変動が大きな課題となり，対処しようとすればコストが大となっていた．現在の高性能パソコンをそのまま利用してもまだコストパフォーマンス的には不足である場合が多く，ASIC (Application Specific IC) などを利用した半導体チップでの実現が今後の発展の鍵となる．また，監視カメラのやみくもな設置はプライバシー保護という新たな社会問題を伴うことも忘れてはならない．

6.4 最後に

　元来，画像処理・認識は工場の生産ラインでの検査装置などへの応用（産業応用）において実用化されてきた．つまり最初は，工場で働く人たちの検査作業を楽にする（省力化や自動化）ためのものであった．それが，ディジタル化の波によって産業応用以外にも拡大し，画像というメディアを処理する技術として広く普及した．そして，その究極はこれまで何度か述べてきたように，機械の眼，すなわちロボット視覚の実現であろう．5.10 節ですでに解説したように，ロボット技術は，人間に代わって働き，同時に人間の友達にもなってくれる機械が欲しいという，まさに人間の夢をかなえようとする技術である．

　画像がディジタル化され，コンピュータで容易に扱うことができるようになれば「何でもできる」と思いたくなる．しかし，質的変化をもたらすほどの画期的なことの実現となると，確かに可能性は高まっているとはいえそれほど簡単ではないように思われる．たとえば，画像をコンピュータで扱えるようになったといっても文書（テキスト）のようにはまだ簡単に操作できない．これは，処理の対象となる情報が同じディジタルデータといっても，文字・数値などの**テキスト情報**（1 次元系列的な情報）と画素の集まりとして一つのイメージを形成する**面的情報**（動画の場合はさらに時間変化も加わる）とは本質的に異なっているからである．

　一方，可能性が大きければ，人間はそれだけ大きな夢を抱くようになる．今後は，ディジタル画像の内容（コンテンツ）をこれまでよりも深くどううまく汲み取るかがポイントである．人工知能的な手法を用いたコンテンツ処理機能を取り入れ，よりヒューマンインタフェースを重視した**知的ディジタル画像処理技術**のさらなる発展を期待したい．

■　参考文献

[1]　岡崎彰夫：“新しい画像文明で人間は豊かになるか？”，ゑれきてる，pp.29-33，1995 年季刊第 58 号，東芝発行 (1995)
[2]　日本自動認識システム協会（編）：“これでわかったバイオメトリクス”，オーム社 (2001)
[3]　"小特集 顔認識技術"，映像情報メディア学会誌，Vol.64, No.4 (2010)
[4]　奥富正敏，田中正行，竹島秀則，松本信幸："画像超解像処理技術の最新動向"，電子情報通信学会誌，Vol.93, No.8, pp.693-698 (2010)

[5] 井手一郎："ニュース映像の検索", 映像情報メディア学会誌 Vol.64, No.3, pp.306–311 (2010)
[6] 篠田浩一："映像検索技術の新たな潮流", 電子情報通信学会誌, Vol.95, No.10, pp.932–938 (2012)
[7] 亀田能成："マーカレス AR", 映像情報メディア学会誌 Vol.66, No.1, pp.45–51 (2012)
[8] "特集 コンピュータグラフィクスの新展開", 情報処理学会誌, Vol.53, No.6 (2012)
[9] "特集 コンピュテーショナルフォトグラフィ", 映像情報メディア学会誌, Vol.67, No.8 (2013)
[10] "特集 新しい画像符号化技術", 映像情報メディア学会誌, Vol.67, No.7 (2013)
[11] 小坂谷達夫, 渡辺友樹, 岡田隆三："画像認識 LSI "Visconti$_{TM}$2" を搭載したインテリジェントカメラ", 東芝レビュー, Vol.68, No.2, pp.12–14 (2013)
[12] 田中秀幸："AR マーカ技術の基礎と最新動向", 電子情報通信学会誌, Vol.97, No.8, pp.734–740 (2014)
[13] "特集 自動運転とそのための走行環境認識技術", 映像情報メディア学会誌, Vol.68, No.10 (2014)
[14] "特集 最新のディジタルカメラ技術", 映像情報メディア学会誌, Vol.68, No.3 (2014)
[15] "特集 4K・8K 放送", 映像情報メディア学会誌, Vol.69, No.1 (2015)
[16] 笹井寿郎："最新動画像符号化規格 (HEVC) の拡張動向", 映像情報メディア学会誌, Vol.69, No.3, pp.218–223 (2015)
[17] 境田慎一, 杉藤泰子, 坂手寛治, 峯澤彰："8K/4K 時代の映像圧縮符号化技術", 電子情報通信学会誌, Vol.98, No.3, pp.218–224 (2015)
[18] "小特集 画像認識革命", 情報処理学会誌, Vol.56, No.7 (2015)

■ 索 引

■ 英数字

0次のピラミッド画像	101
0次補間	48
1次補間	48
2値化	56, 129, 137
2値画像	16
2値画像化	56
2値画像処理技術	34
2分木	90
3次元位置計測（距離計測）	81
3次元画像	19
3次元の画像計測モデル	83
4分木	104
4連結	26
8方向指数	94
8連結	26
A／D変換	17
bps (bit per second)	24
CCD (Charge Coupled Device) センサ	17
CCTV (Closed Circuit Television)	33
CMOS (Complementary Metal Oxide Semiconductor) センサ	17
CMYKのカラー画像表現	20
FA (Factory Automation)	2
k-d ツリー法	105
K平均アルゴリズム	93
N値化	122
OCR (Optical Character Reader)	4
P-タイル法	57
RGBのカラー画像表現	20
VGA (Video Graphics Array)	32
VR（バーチャルリアリティ）	5, 142
VRAM	32

■ あ 行

アスペクト比	32
穴あき	63
アフィン変換	46, 140
アンパッキング	126
医用画像処理	2
色変換	110
色間引き	111
インタレース走査方式	22
動き補償フレーム間予測	24
内側輪郭	71, 137
運動パラメータの推定	151
衛星画像処理	2
映像／画像メディア処理	2
エッジ	54
エッジ画像	143
エッジ強調	51, 123
エッジ強度	143
エッジ検出	54, 123
エピポーラ線	29
エピポーラ面	29
円形度	66
大津の方法	58
オブジェクト合成	108
オペレータ	50
重みテーブル	123
折れ線近似表現	94

■ か 行

塊状領域	67
外接長方形	66
解像度	18
解像度変換	106
角点	99, 138
角点検出処理	138
角点らしさ	99
画質改善	42
過剰検出率	39
画素	17
画像	16
画像間演算	108, 120
画像監視	2
画像幾何変換	106
画像強調	42

画像サイズ	17
画像処理グループ	30
画像処理専用装置	4
画像処理プログラム	126
画像データのピラミッド構造	101
画像パターン	84
画像パターン認識	2
画像変化検出	145
画像補正	42
画像を送る・保存する	162
画像をつくる	162
画像を撮る	162
画像を見る	162
画素間演算	108
画素値	17
画素追跡	70
可変しきい値処理	60
加法混色法（加色法）	19
カラー画像	16
カラー画像処理	110
カラー動画像	23
カラーパレット	112
完全並列処理方式	131
幾何補正	46
奇数フィールド	22
基本的な処理モジュール	12
境界（輪郭）追跡	70, 137
教師なし学習	92
共通演算モジュール	120, 124
局所的しきい値選択	60
局所並列処理方式	124
距離画像	29
距離（奥行き）計測	81
空間フィルタリング	50
偶数フィールド	22
クラス	84
クラスタ	91
クラスタ解析	92
クラスタリング	91, 92
グラフィックス表示規格	32
クロマキー技術	142
決定木法	89
減法混色法（減色法）	19
工業用画像処理 → FA	
交差点	73
構造化	94
構造的解析	84
構造的なテクスチャ	84
高速処理アーキテクチャ	131
個人認証	168
ごま塩ノイズ	49
コントラスト（濃度階調）補正	43
コンピュータグラフィックス (CG)	5
コンピュータビジョン (CV)	5

■ さ 行

最小 2 乗法	47
細線化	67
最大径	66
最大長	66
三角測量	81
産業用画像処理	2
サンプリング	17
シェーディング補正	43
視覚機能つきロボット	2
しきい値	56
しきい値処理	56
時空間画像	23
時系列画像	145
指紋認証	169
射影（プロジェクション）演算	75
周囲長	66
収縮	60, 62
重心	67
周波数補正	53
収縮演算手法	150
縮退	60
出力画像	121
順次走査	23
照合	84
垂直フェレ径	66
垂直フェレ長	66
水平フェレ径	66
水平フェレ長	66
スケール	101
ステップエッジ	54
ステレオ画像	28
ステレオ画像処理	81
ステレオ視	152
ステレオ法	81
スパイクエッジ	54
図面・地図認識	2
整形処理	138

線形フィルタリング	50, 123
線形歪み	46
線情報抽出	70
線図形	67
線図形の構造解析	73
線セグメント	73
線セグメント化	73
線分（直線）近似	96, 113
線分（直線）生成	113
線分生成アルゴリズム	114, 139
線分追跡	70
双峰的である	57
外側輪郭	71
ソーベル (Sobel) のオペレータ	55

■ た 行

台形変換	141
ダイナミックレンジ	44
大容量画像ディジタル記録メディア	4
多重スケール化	102
田村の方法	68
端点	73
チェーンコーディング	94
チェーンコード	75, 94
逐次処理	70
知的ディジタル画像処理技術	171
直線セグメント	77
直線の当てはめ	98
直線補間	48
追跡済みマーク	70
ディシジョンツリー法	89
ディジタル画像	5, 16
ディジタル画像処理	2, 6
ディジタルカメラ	4
ディジタルカラープリンタ	4
テクスチャ	84
データ変換	34
データ変換テーブル	43
点順次	20
伝播	60
テンプレート	87
テンプレートマッチング	87
投影演算	143
動画像	16, 23
動画像解析手法	151
動画像処理	7
統計的解析	84
統計的なテクスチャ	84
動的輪郭モデル	142
動物体切り出し	79
特殊効果	110
特徴抽出	65
特徴点	73
飛び越し走査	22

■ な 行

入力画像	121
塗りつぶし	116
ネガ・ポジ変換	122
ノイズ除去	49, 63
濃淡（モノクロ）画像	16, 18, 129
濃淡画像処理技術	34
濃度	18
濃度推移行列	85
濃度正規化	45
濃度ヒストグラム	145
濃度分布による解析	85
濃度レンジ変更	122
ノンインタレース走査方式	22

■ は 行

背景入れ換え	108, 142
背景差分	150
パイプライン方式	131, 132
パターン	86
パターン間の距離	87
パターンサーチ	88
パターン認識	5, 42, 84
バーチャル・リアリティ	→ VR
パッキング	126
ハフ変換（直線抽出）	77
半しきい値処理	56
判別	84
光電変換素子	17
ピクセル	17
ヒゲ	63
ヒストグラム計算	45
ヒストグラム修正	45
ヒストグラム平坦化	45
非線形フィルタリング	51
非線形平滑化処理	51
ビットレート	24
ビデオ RAM	32
ビデオボード（ビデオカード）	32

標準黒	44
標準白	43
標準パターン	87
標本化（サンプリング）	17
ピラミッド構造化	101
フィルタリング処理	132
フェレ径	66
フェレ長	66
複雑度	66, 138
符号化	94
符号化方法	94
物体の輪郭形状	54
ブランチ	89
フリッカ	23
フリーマンコード	94
プリューウィット (Prewitt) のオペレータ	54
フレーム	22
フレーム間予測符号化	24
フレーム内予測符号化	24
プログレッシブ走査方式	23
分解能	18
分割処理手法	126
分岐点	73
文書画像認識	2
分類	84
閉回路テレビジョン	33
平滑化	50, 123, 137
ベイズの判別	146
閉領域の塗りつぶし	116
並列方式	131
ベクタ画像	21, 136
変化検出（動画像処理）	79
膨張	60, 62, 150
膨張と収縮演算	60
保存画素条件	68

■ ま 行

マシン / ロボットビジョン	5
マスク画像	108
マスク処理	108
間引き処理	107
マルチスペクトル画像	22
マルチプロセッサ方式	132
マルチメディア	2
見落とし率	38
メッシュ管理	103
メモリ節減	126
面順次	20
文字認識技術	4
モード法	57
モーメント	66
模様パターン	84

■ や 行

ユークリッド距離	87

■ ら 行

ラスタ画像	21, 136
ラスタ・ベクタ変換	136
ラプラシアン	55
ラベリング	64, 75
ラベル画像	64
ラベル付け	64
ラン	117
リジェクト率	39
領域判別（テクスチャ解析）	84
両眼立体視法	81
量子化	17
輪郭画素条件	68
ルックアップテーブル	112, 121
ルックアップテーブル処理	43
ルーフ（屋根形）エッジ	54
レイヤ管理	103
連結図形	64
連結図形解析（形状的特徴抽出）	65
連結点	73
連結領域抽出	64
論理フィルタ	60
論理フィルタテーブル	133
論理フィルタリング	60, 68, 122, 133, 138

著者略歴

岡崎 彰夫（おかざき・あきお）
- 1952 年　愛媛県新居浜市に生まれる
- 1975 年　名古屋大学工学部電子工学科卒業
- 1980 年　名古屋大学大学院工学研究科情報工学専攻博士課程修了
- 1980 年　東京芝浦電気株式会社（現，株式会社東芝）入社，
　　　　　同社　総合研究所（現，研究開発センター）にて画像処理技術の研究開発に従事
- 1982 年　工学博士（線図形の構造的処理に関する研究）
- 1990 年　株式会社東芝　総合研究所　情報システム研究所　主任研究員
- 1993 年　同社　マルチメディア技術研究所　担当課長
- 1999 年　同社　柳町情報・社会システム工場　要素技術部　画像処理技術主幹
- 2001 年　技術士（情報工学部門）
- 2004 年　同社　社会システムインフラ社システムコンポーネンツ事業部　開発部部長
- 2006 年　同社　電力・社会システム技術開発センター　セキュリティ・オートメーション開発部　技術主幹
- 2007 年　同社　産業システム社システムコンポーネンツ事業部　技監
　　　　　（電力・社会システム技術開発センター　技監兼務）
- 2008 年　国立大学法人　筑波技術大学産業技術学部教授
- 2018 年　国立大学法人　筑波技術大学名誉教授
　　　　　現在に至る

〈研究開発に従事したこれまでの主な技術や製品〉
- コンピュータ管理のための回路図面や地図の自動読み取り装置
- プリント基板用マスクパターンの外観検査装置
- 地図情報の入力 / 管理技術とその応用システム
- 3 次元 CG 技術を用いた地図情報表示技術
- カメラ映像からの人物や顔の認識技術とその応用システム
- 手形状の認識技術とその応用システム

〈これまでの学会活動など〉
- 茨城大学工学部（1992〜1993），日本福祉大学情報社会学部（1997），名古屋大学工学部（1992〜1993，2000〜2004），法政大学情報科学部（2003〜2004）の非常勤講師を務める．
- 電子情報通信学会の会誌編集委員会編集特別幹事（1998〜1999）
- 現在は，電子情報通信学会，情報処理学会，映像情報メディア学会および IEEE の各会員

編集担当	丸山隆一(森北出版)
編集責任	石田昇司(森北出版)
組　　版	中央印刷
印　　刷	同
製　　本	ブックアート

はじめての画像処理技術（第2版）　　　　　　© 岡崎彰夫　2015

2015年12月21日　第2版第1刷発行　　【本書の無断転載を禁ず】
2018年 8月30日　第2版第2刷発行

著　者　岡崎彰夫
発行者　森北博巳
発行所　森北出版株式会社
　　　　東京都千代田区富士見 1-4-11（〒102-0071）
　　　　電話 03-3265-8341／FAX 03-3264-8709
　　　　http://www.morikita.co.jp/
　　　　日本書籍出版協会・自然科学書協会　会員
　　　　JCOPY ＜(社) 出版者著作権管理機構　委託出版物＞

落丁・乱丁本はお取替えいたします.

Printed in Japan／ISBN 978-4-627-85322-5

MEMO

MEMO